兰州财经大学经济学院学术文库

甘肃省应用经济学、理论经济学一流（重点）学科建设项目资助

赵桂婷 ◎ 著

基于人力资本传导机制的区域经济差异研究

JIYU RENLI ZIBEN CHUANDAO JIZHI DE
QUYU JINGJI CHAYI YANJIU

中国财经出版传媒集团

经济科学出版社
Economic Science Press

图书在版编目（CIP）数据

基于人力资本传导机制的区域经济差异研究／赵桂
婷著．—北京：经济科学出版社，2020.11
（兰州财经大学经济学院学术文库）
ISBN 978 – 7 – 5218 – 1991 – 5

Ⅰ.①基… Ⅱ.①赵… Ⅲ.①区域经济 – 区域差异 –
研究 – 中国 Ⅳ.①F127

中国版本图书馆 CIP 数据核字（2020）第 202834 号

责任编辑：杜　鹏　常家凤
责任校对：齐　杰
责任印制：邱　天

基于人力资本传导机制的区域经济差异研究

赵桂婷　著

经济科学出版社出版、发行　新华书店经销
社址：北京市海淀区阜成路甲 28 号　邮编：100142
编辑部电话：010 – 88191441　发行部电话：010 – 88191522
网址：www. esp. com. cn
电子邮箱：esp_bj@ 163. com
天猫网店：经济科学出版社旗舰店
网址：http://jjkxcbs. tmall. com
固安华明印业有限公司印装
710 × 1000　16 开　10 印张　180000 字
2020 年 12 月第 1 版　2020 年 12 月第 1 次印刷
ISBN 978 – 7 – 5218 – 1991 – 5　定价：56. 00 元
（图书出现印装问题，本社负责调换。电话：010 – 88191510）
（版权所有　侵权必究　打击盗版　举报热线：010 – 88191661
QQ：2242791300　营销中心电话：010 – 88191537
电子邮箱：dbts@ esp. com. cn）

前　　言

　　改革开放以来，中国各区域之间的经济差异持续扩大。人力资本作为影响经济增长的重要因素之一，对中国各区域之间经济差异的扩大起到了推波助澜的作用。中国各区域之间的均衡发展战略是中国实施可持续发展的重要举措，作为中国区域均衡发展的重要组成部分，中国区域之间的经济均衡发展势在必行。

　　本书试图基于人力资本间接作用于经济增长的传导机制，阐释区域经济差异的人力资本成因，旨在提出缩小区域经济差异的人力资本对策。本书的研究对培育人力资本和缩小区域经济差异、促进中国区域之间的经济均衡发展具有重要的理论价值和现实意义。

　　本书在对改革开放以来的中国区域经济差异扩大的现状及其对经济、社会协调发展的影响进行描述的基础上做了如下研究。首先，梳理和归纳了相关理论，指出人力资本对区域经济增长的重要作用。其次，在对国内外相关研究进展进行述评的基础上，利用中国经济转型期的经济数据，验证了人力资本促进中国区域经济增长的卢卡斯式作用机制和尼尔森—菲尔普斯式作用机制。研究发现，中国经济转型期人力资本主要是以尼尔森—菲尔普斯式作用机制促进中国区域经济增长。再次，基于尼尔森—菲尔普斯式作用机制，构建了一个人力资本以全要素生产率增长为关键环节的传导机制。其中，市场机制在经济发展中的主导作用是实现传导过程的重要前提条件。该传导机制的关键环节是人力资本促进全要素生产率增长，进而分别从人力资本存量水平、存量结构和分布结构的角度实证分析人力资本对全要素生产率增长的作用效果。最后，从人力资本形成和价值实现过程的角度探究人力资本区域差异的形成原因，并提出缩小人力资本区域差异的对策，以期缩小区域经济差异，进而促进中国区域经济的协调可持续发展。

　　本书的研究结论主要有：第一，改革开放以来，中国区域经济差异不断扩大，特别是东、西部经济差异尤为明显；第二，人力资本以全要素生产率为中介间接促进经济增长，其传导机制为人力资本促进全要素生产率增长，从而会延缓要素边际生产率的下降并保持在较高水平，要素积累越多，就越能促进以要素驱动为主的中国区域经济的快速增长；第三，人力资本的区域差异是区域经济差异形成的重要原因；第四，人力资本存量水平主要通过技术创新促进全要素生产率增长，各层次人力资本对全要素生产率增长的作用效果各异，人力资本分布结构与全要素生产率增长正相关；第五，投资主体的投资能力和投资意愿以及人力资本的流动性特征的区域差异是人力资本区域差异的重要成因；第六，应从制度创新和软投入约束的角度，努力提高投资主体的投资能力、增强投资主体的投资意愿，促进人力资本的合理流动，进而缩小人力资本的区域差异，实现区域经济协调发展。

综上所述，本书的研究侧重于分析人力资本间接作用于经济增长的传导机制，发现人力资本对经济增长的作用是通过影响全要素生产率进而影响要素积累实现的，并就人力资本存量水平、各层次人力资本、人力资本分布结构作用于全要素生产率的方式和效果进行分析；有针对性地对人力资本的区域差异进行研究，并提出缩小人力资本区域差异的对策以便最大化地消弭区域之间的经济差异，从而更好地实现中国各区域间的经济均衡发展。本书的研究对实现中国各区域间的经济均衡发展乃至区域均衡发展和全国的可持续发展意义重大。

赵桂婷

2020 年 10 月

目　录

第一章　绪论 ………………………………………………………… 1

　　第一节　研究背景与问题提出 ……………………………………… 1

　　第二节　研究思路与研究内容 ……………………………………… 8

　　第三节　研究方法与数据来源 ……………………………………… 11

第二章　相关理论概述与国内外研究进展 …………………………… 12

　　第一节　经济增长理论 ……………………………………………… 12

　　第二节　区域经济增长理论 ………………………………………… 16

　　第三节　人力资本相关理论 ………………………………………… 21

　　第四节　国内外研究进展 …………………………………………… 33

第三章　区域经济差异与区域人力资本差异的事实 ………………… 43

　　第一节　中国区域经济差异的演进轨迹 …………………………… 43

　　第二节　中国东、西部经济差异的事实 …………………………… 50

　　第三节　中国东、西部人力资本差异的事实 ……………………… 59

　　第四节　本章小结 …………………………………………………… 78

第四章　人力资本对区域经济增长作用的传导机制构建 …………… 80

　　第一节　经济增长主要决定因素的判定 …………………………… 80

　　第二节　全要素生产率对经济增长的作用 ………………………… 83

　　第三节　人力资本对经济增长作用的传导机制 …………………… 87

　　第四节　本章小结 …………………………………………………… 101

第五章　人力资本传导机制下的区域经济差异分析 ………………… 103

　　第一节　TFP 水平、要素边际生产率与区域经济差异 …………… 103

　　第二节　人力资本存量对 TFP 增长的作用分析 ………………… 111

　　第三节　人力资本分布结构对 TFP 增长的作用分析 …………… 117

第四节　本章小结 ·· 122

第六章　区域人力资本差异的成因及缩小对策 ··············· 124

第一节　人力资本区域差异的成因 ····················· 124

第二节　缩小人力资本区域差异的对策 ················· 131

第三节　本章小结 ·· 136

第七章　研究结论与研究展望 ······························· 137

第一节　研究结论 ·· 137

第二节　不足之处与研究展望 ··························· 139

参考文献 ··· 141

后记 ··· 151

第一章 绪 论

第一节 研究背景与问题提出

一、研究背景

（一）区域经济不平衡发展已严重影响中国经济、社会的协调发展

1978 年末，中共十一届三中全会作出了将全党工作重心转移到社会主义现代化建设上来的重要决定，中国开始踏上新的征程。新征程的目标是解放和发展社会生产力，以对内改革、对外开放为主要手段。征程自 1978 年始，至 2011 年共 34 年，在这一时期内，中国创造了"经济奇迹"——经济增长的高速度和经济总量水平及人均水平的大幅提升。

从经济发展速度的角度看，1978～2011 年中国实际国内生产总值（GDP）年均增长率为 9.89%，高于所有资本主义国家同期年均增长率，其中，大多数年份中国实际 GDP 年均增长率大于 14%。在世界经济增长速度趋缓的国际大环境中，可谓"一枝独秀"。从经济总量的角度来看，中国名列世界前茅，中国 GDP 总量 1978 年居世界第 11 位，2000 年居世界第 6 位，2005 年居世界第 4 位，2010 年就已跃居世界第 2 位，仅次于美国，并将优势一直保持至今，这足以体现中国经济强劲的发展态势。从人均经济量的角度看，按可比价（1978 年为基期）1990 年中国的实际人均 GDP 为 898.12 元，是 1978 年人均 GDP 的 2.37 倍，2000 年中国的实际人均 GDP 达到 2193.93 元，是 1978 年人均 GDP 的 5.77 倍，到 2011 年中国的实际人均 GDP 达到 6088.36 元，是 1978 年的 16.08 倍。与 1978 年相比，30 余年的国民经济增长不仅显著地改善了人

民生活水平，而且有效地增进了社会福利。[①]

然而，与"经济奇迹"相伴随的却是中国区域经济发展的极度不平衡，这种不平衡状态可以用胡鞍钢（2002）在其构想中国公共战略的研究中所用的"一个中国，四个世界"来形容，特别地，中国东、西部[②]之间的经济发展不平衡尤为显著。若以实际人均 GDP[③] 为测算经济增长的产出指标，经测算并进行排序发现：1978～2011 年，地处东部沿海的浙江省实际人均 GDP 增长最快，其年均增长率为 11.56%；上海市的实际人均 GDP 最高，达到了 26219.37 元；而贵州省的实际人均 GDP 最低，仅为 2932.14 元，最高与最低两者相差 8.94 倍。1978～2011 年，中国东、西部地区的实际人均 GDP 持续增长，东部地区实际人均 GDP 一直高于全国平均水平，西部地区的实际人均 GDP 一直低于全国平均水平，增长速度明显慢于东部地区，如图 1-1 所示。

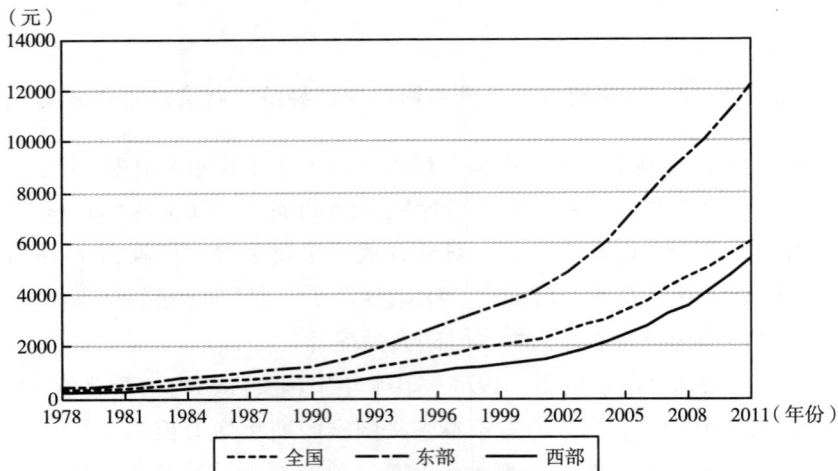

图 1-1 1978～2011 年全国与东、西部实际人均 GDP 变化

资料来源：根据《新中国六十年统计资料汇编》（2009）、《中国统计年鉴》（1979～2012）相关数据整理计算。

---

① 资料来源：《新中国六十年统计资料汇编》（2009）、《中国统计年鉴》（1979～2012）。

② 按照最新的经济区域划分方法，东部包括北京、天津、河北、上海、江苏、浙江、福建、山东、广东、海南；西部包括内蒙古、广西、重庆、四川、贵州、云南、西藏、陕西、甘肃、青海、宁夏、新疆。

③ 人均 GDP 是一个比较全面的指标，它是标志发展及富足程度的总体水平的最佳近似值，因而被广泛采用，而且各级行政单元的人均 GDP 是连续的，便于进行纵向和横向的比较分析。

图 1 - 1 的图形特征显示，东部地区实际人均 GDP 的增长率也高于西部地区，特别是 1991～2000 年期间，尤为明显。

若以人均收入作为测度经济增长的生计指标，经过测算发现：1978 年东、西部城镇居民家庭人均可支配收入之比为 1.03：1，差异小到可以忽略，但是这一比值随着改革开放的实施呈现不断扩大的态势，到了 2011 年，这一比值为 1.45：1，其中，中国城镇居民人均可支配收入最高的是东部地区的上海市，为 36230.48 元；最低的为西部的甘肃省，为 14988.68 元，相差 2.42 倍，足见东、西部城镇居民家庭人均可支配收入的差异程度在不断扩大。1978 年东、西部农村居民家庭人均纯收入之比为 1.29：1，东部是西部的 1.29 倍，虽说有差异，但差异程度不是很大，到了 2011 年，这一比值为 1.83：1，其中，农村居民家庭人均纯收入最高的为东部的上海，为 16053.79 元；最低的为西部的甘肃，为 3909.37 元，相差 4.11 倍，可见，农村居民家庭人均纯收入的东、西部差异程度在扩大，其程度要大于城镇的情况，见表 1 - 1。

表 1 - 1　　　　　　　中国东、西部城镇及农村居民收入差距

年份	城镇居民家庭人均可支配收入	农村居民家庭人均纯收入
1978	1.03：1	1.29：1
1985	1.13：1	1.55：1
1990	1.24：1	1.75：1
1995	1.43：1	2.28：1
2000	1.46：1	2.25：1
2005	1.54：1	2.33：1
2011	1.45：1	1.83：1

资料来源：根据《新中国六十年统计资料汇编》（2009）、《中国统计年鉴》（1978～2012）相关原始数据计算整理得到。

综上所述，产出指标、生计指标都显示出中国东、西部地区的经济差异程度很大，且有不断扩大的趋势。本书认为，在一个经济体，特别是像中国这样一个地大物博的经济体的经济发展过程中，区域经济差异的存在是不可避免的。但是，区域经济差异程度的不断扩大会带来很多负面影响，涉及经济能否协调发展和社会是否稳定两个方面。首先，区域经济差异程度的不断

扩大会严重危及宏观经济的稳定，① 严重妨碍经济的持续增长，造成经济落后地区包括人才、资金等在内的"效益"流失②、市场的分割③等，影响社会公平，造成效率的损失。其次，区域经济差异程度的扩大会影响到人们的社会心理，进而滋生社会不满情绪，影响人心所向，成为社会不稳定的心理温床。中国的贫富差距水平已经略高于国际社会公认的安全标准，过大的贫富差距引发"穷人"的仇富心理和对现实生活的不满，给社会的稳定带来潜在的安全隐患；经济发达地区对经济欠发达地区外来人口的种种限制政策也可能激化人们的不平衡心理，激化阶级矛盾，导致社会动荡；区域经济差异程度的扩大也会影响社会制度的公正和权威，削弱国家的凝聚力，严重时甚至会危害国家安全和统一。事实上，卢旺达和南斯拉夫都是因为国内地区经济差异悬殊，引起民众不满情绪，导致阶级矛盾不断激化，最终使得国家分裂，酿成大祸。

考虑到区域经济差异的存在及不断扩大会影响到中国社会的稳定、民族的团结以及经济的协调可持续发展，因此，要贯彻落实科学发展观④，实现中国经济的全面、协调、可持续发展，中央政府和各级地方政府需要厘清促进经济持续增长的发动因素，并出台有效的政策措施以期促进区域经济差异的缩小。

---

① 东部经济发达地区收入水平高→消费水平高→该地区物价普遍上涨→西部经济落后地区通货膨胀压力↑→货币购买力↓→经济落后地区就业压力↑，过大的区域经济差异程度最终会使得全国面临通货膨胀和就业的双重压力，使得菲利普斯曲线失灵，严重危及宏观经济的稳定。

② 区域之间存在较大经济差异→落后地区培养的人才以及既有的资金由于趋利动机直接地流失到发达地区，同时，由于培养人才需要耗费大量的资金，因此，同时也造成落后地区的资金间接地流失→落后地区与发达地区的经济差异程度越来越大。

③ 西部地区生产的多为位于产业链低端、科技附加值低、利润空间小初级产品，东部地区生产的多为位于产业链高端、科技附加值高、利润空间大的终端产品，国家政策严格控制对初级产品的定价→产业链中的利益分配不均衡→西部地区资源开发性产业与东部沿海地区资源深加工行业发展脱节→明显断层→加剧区域经济的非均衡发展，阻碍了全国统一市场的形成。与此同时，东部地区经济飞速发展对能源、原材料等自然资源需求增加，西部地区作为资源的主要集中地由于缺乏充足的资金和先进的生产技术，生产率普遍较低，难以满足经济发达地区迅速膨胀的需求。供不应求的现象导致资源的配置效率低，同时使用落后技术对西部地区资源的开发也在一定程度上降低了资源的利用效率。一些地区为了保护本地企业，实行地方保护主义，只允许销售地方商品，这也在一定程度上阻碍了统一市场的形成和发展。

④ 2003年10月，中国共产党十六届三中全会首次提出了科学发展观的概念，其第一要义是发展，核心是以人为本，基本要求是全面、协调、可持续，根本方法是统筹兼顾。

（二）　人力资本在解释区域经济增长差异中的作用日益显著

伴随世界经济的发展，知识在经济中的作用得到了迅速提升，知识经济化①伴随了世界经济的发展过程，而知识经济化的结果就是经济知识化②。"知识经济"具有如下四个显著的特点：其一，在一个经济社会中，从事知识劳动的人占绝大多数；其二，知识是劳动生产率提高的主要原因；其三，在生产过程中，智能消耗增加的幅度越来越大；其四，智能机器大规模地出现，进而减少人们的脑力支出。知识经济中，知识的载体由工业经济中的物转向人，掌握了知识的人能够充分发挥主观能动性并在经济发展中产生重要的促进作用，且有利于积累人力资本，并使其演变成为知识经济中生产方式的中心。自改革开放以来，中国处于经济的转型期，其所处的经济发展阶段应属工业经济的中后期，人力资本在经济发展中的作用愈益显著，已然成为促进经济增长的重要源泉。舒尔茨（Schultz，1990）的理论研究认为，人的知识、能力、健康等人力资本的提高对经济增长的影响，远远超过了物质资本增加对经济增长的影响。世界银行在《世界发展报告》（1997）中指出，近年来科技发展持续加速，相对财富差距而言，发展中国家（地区）与发达国家（地区）间知识创新能力差距越来越明显。在一定意义上，人力资本的地区差距更甚。

徐杰、杨建龙（2010）的一项研究认为，中国在 1980～2006 年间，人力资本对经济增长的贡献率为 37.8%，低于物质资本贡献率（51.4%）13.6 个百分点，是中国经济增长的第二大推动力量。

显然，经济增长过程中人力资本日益扮演着重要角色，且对区域经济增长的作用日益突出，人力资本对区域经济增长差异的解释力也越来越强大，区域经济增长差异是造成区域经济差异的最根本原因。于是，人力资本成为解释区域经济差异的主要因素之一。

（三）　人力资本对经济增长的作用机制尚待进一步探讨

舒尔茨、贝克尔（Becker）、丹尼森（Denison）等早期研究人力资本理

---

① 知识经济化指的是知识获得了经济功能的过程，强调的是知识的物化以及由此导致的知识在社会生产中的系统生产与积累。

② 经济知识化强调的是在知识经济化的基础上社会生产中知识的无处不在，特别地，指从事生产劳动的人的知识化，即生产中知识的载体由物进一步发展到人，劳动者也由从事体力劳动的蓝领工人逐渐向从事脑力劳动的白领工人转变。

论的学者、专家首先从定性分析的角度，认为人力资本对生产起重要的促进作用，那一时期，大多数学者都将人力资本看作是与物质资本等相类似的要素，分析人力资本作为一项要素投入对经济增长的贡献。特别是被誉为"经济增长核算分析之父"的丹尼森（1962），他以 C－D 生产函数为基础，运用实证方法验证人力资本要素的作用，明确计算出美国 1909～1957 年物质资本和教育对经济增长贡献的差异变化，使人们认识到教育投资对经济增长的巨大贡献，从而引发了自 20 世纪 60 年代开始的长时期的各国教育投资热潮。

内生经济增长理论将人力资本设定为内生变量，认为其推动经济增长的作用机制主要有两种：第一，将人力资本直接纳入经济增长模型，人力资本被看作是投入经济增长过程的一项生产要素，通过内部和外部两种效应促进经济增长；第二，将人力资本视为技术进步的源泉，以技术进步为传导，人力资本通过技术创新（模仿）推动技术进步，进而引致经济增长。

梳理已有文献，学术界就人力资本促进经济增长的主要机制尚未形成定论。特别地，针对特定的国家或地区，人力资本到底以何种作用机制促进经济增长，还需要进一步检验。因此，人力资本如何解释区域经济差异尚待进一步探讨。

二、问题提出

基于上述研究背景，本书提出如下四个问题：

其一，处于经济转型期的中国，区域经济发展为何如此不平衡；其二，中国区域经济差异形成的直接影响因素和最终影响因素分别是什么，这二者对区域经济差异如何产生影响；其三，人力资本以何种机制作用于中国的区域经济增长；其四，如何提高西部地区的人力资本质量，缩小西部与东部人力资本差异，为缩小西部与东部经济差异提供深层面的条件。

三、研究意义

实践表明，中国东、西部存在区域经济差异且逐年拉大已形成学界共识。人力资本对经济增长的作用越来越大，作为一种可以无限使用且具有越使用效果越好特点的资源，其对经济增长差异的解释力更强。已有研究成果为本书研究工作的开展提供了良好借鉴。本书立足改革开放以来中国区域经济发展转型的实际，以浙江省和甘肃省作为区域样本，试图揭示人力资本影响中国区域经济增长的作用机制并探索性地研究上述问题，本书研究工作的开展具有较为重要的理论意义和现实价值。

（一）丰富了人力资本和经济增长理论的研究内容

人力资本成为促进经济增长的重要源泉已经成为学界共识，但是，人力资本作用于经济增长的机制问题一直存在争论，争论的焦点在于：人力资本究竟是以要素投入的身份促进经济增长还是以全要素生产率（TFP）增长的决定因素的身份促进经济增长？事实上，区域选择以及数据选取的差异会造成研究结论的差异，在不同的经济发展阶段研究相同的问题，也会得出不同的研究结论。本书以中国经济转型期的数据为基础，发现了中国经济发展阶段的特殊性，因此，构建了人力资本促进经济增长的特殊传导机制。这一以TFP增长为中介的传导机制，丰富了人力资本促进经济增长的传导机制理论。另外，本书细分了人力资本指标以及人力资本各指标对TFP增长的作用。这既拓展了人力资本的指标体系，也丰富了以TFP为中介的人力资本促进区域经济增长的间接作用机制理论。显然，在缩小区域经济差异的众多因素中，人力资本的作用得到凸显和重视，使其能够更好地解释区域经济增长差异的成因。

（二）为政府部门制定缩小区域经济差异的相关政策提供参考

中国经济发展的实践表明，人力资本对经济增长的重要促进作用日益凸显。但处于经济转型期的中国具有经济增长的阶段性和特殊性，要素投入，特别是物质资本积累驱动经济增长是中国经济增长的典型特征，但同时，TFP增长的作用又日益凸显，人力资本作为决定TFP增长的内生性决定因素对经济增长的作用不容小觑，特别是人力资本以TFP增长为中介对经济增长的传导作用机制，与中国转型期的经济增长特点非常契合，所以厘清人力资本存量水平、人力资本存量结构以及人力资本分布结构对TFP增长的作用，其现实意义重大，能够为政府制定促进落后地区经济增长，进而缩小区域经济差异程度的人力资本政策提供依据，对于中国经济的成功转型具有重要的参考价值。

第二节 研究思路与研究内容

一、研究思路

基于人力资本传导机制的视角，解释中国区域经济差异的人力资本成因，并试图找到缩小人力资本区域差异的对策建议以期缩小区域经济差异是本书的核心。本书在梳理相关理论并对相关国内外研究进展进行归纳整理的基础上，发现已有研究的不足，进而以中国东、西部之间日益扩大的经济差异为出发点，基于中国经济发展的特殊阶段——转型期，对人力资本作用于中国经济增长的机制进行验证，觅得符合中国经济转型期特点的人力资本促进经济增长的间接作用机制，在该作用机制下，探寻人力资本作用于经济增长的具体路径。引出中国经济转型期人力资本促进经济增长的传导机制，利用该传导机制对中国区域经济差异的成因进行解释，判断中国区域经济差异形成的直接因素和最终因素，着重揭示人力资本对经济增长促进作用的传导机制的上游环节，在此基础上，探索性地研究了人力资本在东、西部存在区域差异的原因。从制度创新和软投入约束的角度，分析人力资本形成过程和价值实现过程中人力资本区域差异的成因，探索缩小人力资本区域差异的对策，回答本书开篇提出的问题，以期实现区域经济的协调可持续发展。

二、研究内容

本书主要章节及研究内容如下。

第一章重点阐明本书的研究背景、提出问题并明确理论意义和现实价值；厘清研究思路、概述研究方法并设计研究框架；对本书可能的创新进行了简要说明。

第二章主要是通过对经济增长理论、人力资本理论和区域经济增长理论的回顾以及对已有相关国内外研究的分析，切入主题，为本书的研究提供理论支持。

本章主要从国内外研究的进展中归纳整理了如下几个方面，并提出了相应的问题。

第一，关于人力资本促进经济增长的作用机制问题，存在两种不同的观点：一种认为人力资本是作为要素投入促进经济增长；另一种认为人力资本是作为 TFP 增长的重要促进因素间接促进经济增长。那么，人力资本对中国经济转型期的经济增长是何种作用机制？

第二，关于中国的区域经济增长差异问题，对测度指标的选择和差异变动趋势的判断存在不同的观点，有的学者认为应该采用单一指标测度中国的区域经济增长差异，还有一些学者认为应该采用综合指标测度中国的区域经济增长差异；有的学者认为中国区域经济增长差异自 1978 年以来扩大了，但也有学者认为是缩小了。那么，具体用什么指标测度来测度中国的区域经济增长差异？中国的区域经济增长差异在经济转型期的变动趋势究竟如何？

第三，关于人力资本对区域经济增长差异的解释问题，有些学者认为人力资本在很大程度上解释了区域经济增长差异，而有些学者确认为人力资本无力解释区域经济增长差异的存在。那么，人力资本能否解释中国的区域经济增长差异？如何解释？

上述问题都需要在本书的研究中得以阐释。

第三章首先对中国区域经济差异的演进轨迹进行指标测度，判断中国区域经济差异是否存在以及其演变轨迹；其次对中国人力资本的区域差异进行统计性描述。作出人力资本区域差异与区域经济差异关系的基本判断，为进一步分析人力资本差异对区域经济差异的解释奠定事实基础。

第四章以中国经济转型期的数据为基础，利用面板数据模型对人力资本促进经济增长的两种已有作用机制进行验证，基于验证结果，构建人力资本作用于经济增长的传导机制。

第五章首先以浙江和甘肃作为样本区域对人力资本促进经济增长传导机制的下游环节——TFP 水平→要素边际生产率水平→要素积累进行具体分析，并以 TFP 水平差异→要素边际生产率水平差异→要素积累差异来解释区域经济增长差异；其次对人力资本促进经济增长传导机制的上游环节——人力资本→TFP 增长→TFP 水平进行具体分析，并以人力资本差异→TFP 增长差异来解释 TFP 水平差异，由此，构建人力资本区域差异解释区域经济差异的具体路径。考虑到人力资本促进 TFP 增长这一环节的重要性，对人力资本进行指标细分，具体分析人力资本存量水平、人力资本存量结构、人力资本分布结构对 TFP 增长的作用效果。

第六章从制度创新和软投入约束的角度，分析人力资本在形成和价值实现过程中其区域差异的形成原因，并有针对性地提出缩小人力资本区域差异的对策建议，旨在促进中国区域经济的协调发展。

第七章归纳整理了本书的主要研究结论，梳理了本书研究工作的不足之处，并对未来研究工作提出展望。

本书的写作框架如图1-2所示。

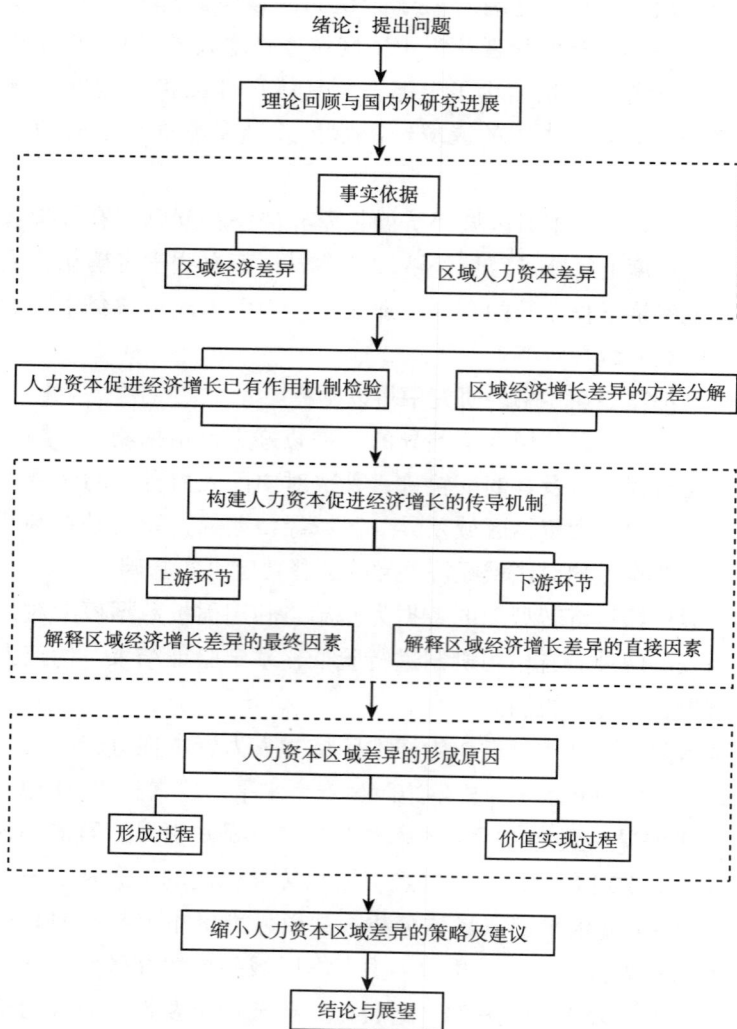

图1-2 本书写作框架

第三节 　 研究方法与数据来源

一 、 研究方法

　　本书主要采用理论与实证相结合的研究方法来研究具体问题。具体而言，为寻找人力资本作用于经济增长以及解释区域经济增长差异的理论基础，运用了文献法；为建立区域人力资本差异与区域经济差异联系的现实基础，运用了统计性描述方法；为验证人力资本对经济增长的作用机制，以 C – D 函数为基础，运用了面板数据模型方法、协整检验等计量分析方法；为构建人力资本促进经济增长的传导机制，运用了演绎归纳法等。

二 、 数据来源及处理

　　本书原始数据主要来源于《中国统计年鉴》（1979～2012）、《新中国60年统计资料汇编》（2009）、《中国人口统计年鉴》（1979～2012）、《中国劳动统计年鉴》（1979～2012）、《中国人口和就业统计年鉴》（1979～2012）、《中国科技年鉴》（1979～2012）、《中华人民共和国全国分县市人口统计资料》（1979～2012）、《浙江统计年鉴》（2012）以及《甘肃发展年鉴》（2012）；对于部分缺失的数据，通过统计方法整理和查阅相关统计网站得到。此外，本书还直接采用了已有研究成果中的相关数据。

第二章　相关理论概述与国内外研究进展

　　区域经济增长差异是区域经济差异的直接原因，而区域经济增长差异的原因源于经济增长决定因素的区域差异。经济增长理论的核心就是探究何为经济增长的决定因素。时代背景、经济社会发展环境以及专家学者的知识体系的差异，使得区域经济差异研究中研究视角、研究方法以及研究内容呈现多样性，甚至出现完全相悖的研究结论。特别地，对决定经济增长的因素的阐释各执一词，差异明显。为更好地理解区域经济增长差异的成因，本章将系统地梳理已有经济增长的研究成果，为接下来研究工作的开展奠定良好基础。

第一节　经济增长理论

　　就经济增长问题的研究最早可以追溯到欧洲的中世纪时期（约公元 476 年～公元 1453 年），财富的性质、财富的来源、财富增加的方法是那一时期就经济增长研究的主要问题。然而，在当时并没有对经济增长问题进行系统的论述，仅仅是一个话题而已。伴随着古典经济学的形成和成熟，关于经济增长的理论研究也逐步系统化。截至目前，经济增长理论经历了古典经济增长、新古典经济增长和新经济增长等三个阶段，经济增长理论已经演变成西方经济学的重要组成部分。

一、古典经济增长理论

　　古典经济增长理论①主要以定性分析为主，分析了经济增长的决定因素

---

　　① 在古典经济学中，经济学家们认为财富增加就是经济增长。

是什么。然而，古典经济学家们对何为经济增长的决定因素并未形成一致的看法。其中"经济学之父"亚当·斯密（Adam Smith，1776）将劳动视为财富的源泉，而古典经济学的集大成者大卫·李嘉图（David Ricardo，1817）则将物质资本视为经济增长的唯一源泉。

亚当·斯密（1776）在其经典著作《国富论》中对经济增长进行了专门的研究，认为影响国民财富增加的主要因素是劳动、资本和土地，特别强调"劳动"是财富的源泉。他引入"劳动分工"并将劳动区分为"生产性劳动"和"非生产性劳动"两类；认为决定国民财富增长的主要因素有两个方面：一方面是劳动分工引起的劳动生产率的提高；另一方面是生产性劳动在全部劳动中所占的比例。他也曾提到学习才能是一种可以创造社会财富的能力①，但是没有将它视为国民财富增长的主要因素。

大卫·李嘉图（1817）根据其生活的时代特征②，在对亚当·斯密的思想进行批判和继承的基础上，将其对经济增长研究的重点着眼于价值理论和分配理论。大卫·李嘉图（1817）在其著作《政治经济学及赋税原理》中认为，一切经济政策的宗旨是提高物质资本积累，并将其存量的增加视为经济增长的主要源泉。另外，其对经济增长的未来持悲观态度，认为在报酬递减规律的支配下，人口的增长和资源消耗与资本积累和市场扩大之间的竞争最终将使资本积累停止，人口保持稳定，经济增长的车轮终将停止转动。

古典经济增长理论侧重于定性分析，未设立专门的分支学科来说明经济增长问题；一部分学者将劳动视为经济增长的源泉，虽意识到劳动者的能力很重要，却未将其提升到经济增长之源的高度；大部分学者认为物质资本是经济增长的源泉，但以收益递减规律为假设前提，把经济增长过程看作是人口增长和资源消耗与资本积累和市场扩大之间的竞赛，却没有观察到技术进步的作用，悲观地认为经济增长终将停止。

二、新古典经济增长理论

20 世纪 40 年代，哈罗德—多马模型开创了定量分析经济增长问题的先河，在沿袭李嘉图物质资本决定论的基础上，基于严苛的假设前提，提出了

---

① 事实上，早期的经济学家都没有意识到人力资本对经济增长作用的重要性。
② 产业革命完成后市场经济趋于完善，收入和财富分配的矛盾日益激化，第一次周期性经济危机发生。

经济稳定增长的路径：实际经济增长率 = 人口增长率 = 有保证的经济增长率。但是，其"刀锋式"的经济增长路径几乎是不可能实现的，进而导致经济增长的不稳定。由于其模型的缺陷，以及 20 世纪 50 年代"经济增长剩余"的出现，给后来的经济学家们提供了很大的模型修正空间。

20 世纪 50 年代，索洛、斯旺和米德（Solow，Swan and Mead）三位不同国籍的经济学家在探寻"经济增长剩余"的原因的过程中，对哈罗德—多马模型进行了修正并引入了技术进步这一外生变量，分别提出了"索洛模型"，形成了新古典经济增长理论[①]。他们认为经济增长是由劳动和物质资本两个内生变量和技术进步这个外生变量共同作用的结果。

"索洛模型"以 C－D 函数为基础，引入希克斯中性技术进步，以规模收益不变为假设前提，其函数表达式为：

$$Y = AK^{\alpha}L^{1-\alpha} \tag{2-1}$$

其中，A 代表外生的技术进步，K 代表资本存量，L 代表劳动投入量，α 是物质资本的产出弹性，$1-\alpha$ 是劳动的产出弹性，$0 < \alpha < 1$。

从而，劳均产出 $y = Ak^{\alpha}$，根据资本的动态方程 $\dot{k} = sAk^{\alpha} - (n+\delta)k$ 可得到新古典经济增长模型下的平衡增长条件：

$$sAk^{\alpha} = (n+\delta)k \tag{2-2}$$

其中，s 表示储蓄率，n 表示人口增长率，δ 表示折旧率。

利用经济发展中的劳动、资本以及产出的相关数据，便可以计算希克斯中性技术进步率，见式（2－3）。

$$\frac{\dot{A}(t)}{A(t)} = \frac{\dot{Y}_t}{Y_t} - \alpha \frac{\dot{K}_t}{K_t} - (1-\alpha)\frac{\dot{L}_t}{L_t} \tag{2-3}$$

其中，$\frac{\dot{A}(t)}{A(t)}$ 表示希克斯中性技术进步率，也被称为"索洛余值"；$\frac{\dot{Y}(t)}{Y(t)}$ 表示经济增长率；$\frac{\dot{K}_t}{K_t}$ 表示物质资本增长率；$\frac{\dot{L}_t}{L_t}$ 表示劳动投入增长率。

从数学形式上来看，生产函数的构建使得技术进步的研究成为可能，是

---

① 真正将经济增长视为现代经济学的核心问题的经济增长理论，始于新古典经济增长理论，也称为现代经济增长理论。

一种简便的方法；生产函数曲线的移动便是技术变化的体现。美国经济学家罗伯特·索洛（Robert Solow，1957）利用 1909 ~ 1949 年相关数据，对技术进步引起的经济增长进行了实证研究。研究发现，技术进步对美国经济增长的贡献度高达 87.5%。随后，较多的研究成果借鉴了上述研究方法，且得到了类似的结论。这令大多数经济学家感到非常之惊讶，资本积累本是经济增长的主要原因，在索洛模型里却变成了一个辅助的角色。

索洛模型将对经济增长问题的研究模型化、数理化，并超越了以往的哈罗德—多马模型，得出了一个被广泛接受的重要基本结论，即技术进步是经济增长的唯一源泉和最终动力，区域经济增长终将趋同的结论蕴含在上述结论中。

索洛模型是新古典经济增长理论的核心，其将其在经济增长源泉的分析中引入了技术进步，这是经济增长理论的重大突破。上述模型所提供的基本理论框架简单精致，假设相对于哈罗德—多马模型要宽泛得多。然而，鉴于新古典生产函数中生产要素的投入服从边际收益递减规律，一方面，外生的技术进步成为经济实现长期增长的重要原因；另一方面，区域经济增长中的差异性在该模型中得不到阐释。上述理论的这些缺陷成为后来的内生经济增长理论诟病和拓展的关键之处。

三、新经济增长理论

外生技术进步的存在是新古典经济增长理论的重要假定。上述假定不仅无法从经济体系内部解释经济的长期增长，而且模型本身无法为促进经济增长政策的制定提供理论依据。19 世纪 80 年代中期，新经济增长理论的代表人物罗默（Romer）和卢卡斯（Lucas），深入分析了以索洛模型为核心的新古典经济增长理论，分别发表了论文《收益递增与长期经济增长》（Romer，1986）和《论经济发展机制》（Lucas，1988），很好地弥补了新古典经济增长理论缺陷，促成了新经济增长理论的诞生和发展。新经济增长理论深入地探讨了经济长期增长的内生化原因，从而引发了"内生经济增长"的研究热潮。

新经济增长理论认为，经济体系内部的力量是经济增长的根本原因，而不是外部的力量。在新古典经济增长理论的基础上，新经济增长理论对经济增长率和人均收入的区际差异从经济体系内部因素的视角进行了解释，这是新经济增长理论的重大突破。这对世界经济增长，特别是对发展中国家经济产生了重要的影响。

新经济增长理论中卢卡斯（1988）的人力资本溢出模型，以完全竞争为基本假设前提，一方面，认为经济增长中技术进步起着决定性作用；另一方面，认为经济增长中人力资本起着内生作用。

综上所述，新经济增长理论依托新古典经济增长理论，突破了新古典经济增长理论的藩篱，在研究经济增长问题的框架下，将技术进步进行内生化处理，把经济系统的内部力量视为经济增长的源泉，进而，认为内生的技术进步会带来经济增长。因此，新经济增长理论更符合实际，其模型比原有模型更深刻。然而，任何一个理论都不可能是十分完美的，总会存在这样那样的缺陷，新经济增长理论也不例外。其缺点是忽视了资源配置改善及经济制度对经济增长的重要作用，模型构建中复杂艰深数学工具的过度使用，使得其理论变得尖刻难懂，使其理论优势大打折扣。

四、研究述评

上述理论都是以经济增长的决定因素是什么为核心，古典经济增长理论强调了劳动和物质资本对经济增长的决定作用，新古典经济增长理论主要侧重于强调外生技术进步能够对经济增长起决定作用，而新经济增长理论则侧重于对内生化技术进步的强调，从经济体系内部寻找经济增长的原因。

本书认为，理论上可对经济增长理论的发展划分为两个阶段，第一阶段以物力决定论为主流，第二阶段则发展到以人力资本决定论为主流。在经济增长中人力资本的作用愈益显著。

第二节 区域经济增长理论

区域经济增长理论主要研究区域经济增长差异的存在性并推测差异的变动趋势。大多数国家和地区都不同程度地面临着国民经济增长在空间结构上的两极分化①。对此，经济学家们提出了各种各样的理论假说来解释这种经

---

① 少数地区持续经济高速发展的同时，大多数地区却处于持续的经济停滞、落后之中。这种空间上的两极分化直接表现为人口、社会经济活动在空间上的过度集中和地区间居民收入水平差异的不断扩大。

济现象的存在并推测其变动趋势。这些理论综合起来大致分为两类：一是区域均衡增长理论，二是区域非均衡增长理论。

一、区域平衡增长理论

新古典经济增长理论是建立在一系列严格的假定①基础上的，当假设条件都满足的时候，受要素边际收益递减规律的作用，经济绩效并不会受到要素区际分布差异的影响，因此，均衡发展是区域经济增长的归宿。从而为本书探讨区域平衡发展提供一个基准分析框架。于是，在这种思想的影响下，区域平衡增长理论伴随区域经济增长实践而诞生，使得区域经济的发展倾向于采用平衡增长的战略，这期间出现了两种低水平均衡增长理论，分别是大推进论和贫困的恶性循环论（如图 2−1 所示）。

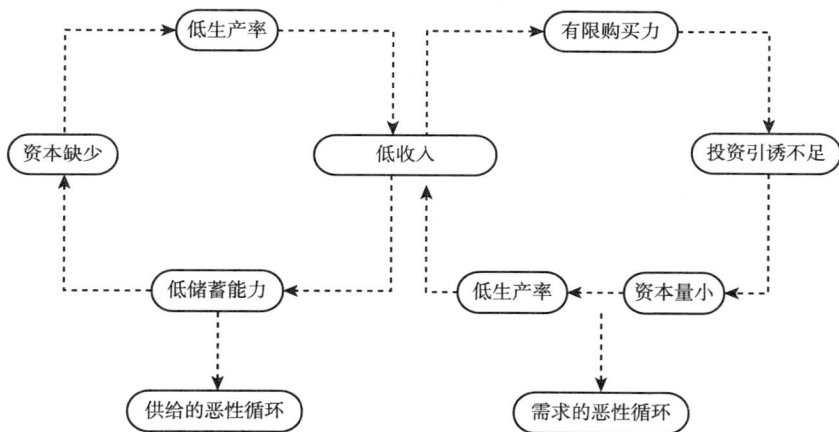

图 2−1　贫困的恶性循环

罗森斯坦（Rothenstein）的大推进论主张政府在大推进投资中扮演核心角色，充分利用国内及外来资本，为了获得投资而带来的经济外部性，应对包括基础设施与轻工业部门等重点部门进行大规模投资。这有利于区域工业化的快速推进，进而从根本上解决发展中国家贫穷落后的问题。

---

① 劳动力和资本在生产中可以完全替代，资本—产出比是可变的；要素可以自由流动；信息是完全的、不存在市场势力。当满足上述这些条件后，资本和劳动力等要素的地区分布将不会影响其最终的经济绩效，使得区域经济趋于均衡发展。

拉格勒·纳克斯（Ragnar Nus）的贫困的恶性循环论认为，供给和需求的恶性循环是导致欠发达国家（地区）无法摆脱贫困的根本原因（如图2-1所示）。从而引致经济难以好转，于是，提出摆脱其影响的对策（也是唯一途径）即进行全面投资，以实现各部门之间的同步发展。

罗森斯坦和拉格勒·纳克斯的理论都强调政府在经济平衡增长中的作用，忽视市场作为配置资源的基础手段的重要性。在现实经济世界里，大推进理论和贫困的恶性循环论指导的经济发展实践普遍都遭遇失败的结果。理论上也未能对区域经济差异的存在及持续扩大作出合理解释。

简而言之，新古典平衡增长理论中的大推进和贫困的恶性循环等属于低水平均衡增长理论。其指导经济发展实践需具备一定的物质前提，因此，上述理论对于欠发达国家（地区）如何实现经济快速发展的借鉴意义不足。

二、区域不平衡增长理论

区域平衡增长理论主张各产业、各地区同步发展。然而，在上述理论框架下，一方面，现实中区域经济差异持续拉大得不到合理解释；另一方面，该理论及其政策主张对于缩小区域经济增长差异力不从心，且围绕该理论的后续研究工作长期停滞不前。实践表明，区域经济差异已经成为各国经济发展到一定程度时，地区之间出现的普遍现象。具体而言，区域经济差异在空间上往往显现出两极分化的态势：一是少数高速发展的区域，二是大部分经济发展滞缓甚至后退的区域。一般而言，经济发展在空间上的差异往往会引起人口、产业以及各种经济活动在特定地理区域上的集聚，进而，不同区域间收入水平持续拉大也在所难免。区域经济发展中的上述差异，受到学术界较早的关注。自20世纪50年代起，区域不平衡增长理论就已经初现端倪。这种理论的核心思想是，在既定资源禀赋结构存在差异的现实情况下，经济体只有有选择地率先发展某些部门或地区，才能实现整体经济的发展，并从资源稀缺的角度指出区域平衡增长的不可行性。

区域不平衡增长理论主要包括累积循环因果理论、增长极理论、区际经济增长相互传递理论、中心外围论、梯度推移论、倒"U"统计模型。

缪尔达尔（Muir Darl）的累积循环因果理论，将动态变化的社会中的经济因素分为"因"和"果"两种，认为社会经济的各因素不是趋于均衡，而是进行具有累积效应的循环式运动，他利用"回波效应"和"扩散效应"来体现循环积累因果关系对区域经济差距的影响，认为"回波效应"会拉大区域经济差异，而缩小区域间的经济差异主要依靠"扩散效应"的力量。"回波效应"和"扩散效应"的对比决定了区域间经济差异的变化趋势。事实上，新古典经济学认为，在市场机制条件下，经济社会资源可以得到科学配置和合理利用，从而使经济社会实现平衡发展。缪尔达尔的累积循环因果论则不赞同上述观点。该理论认为一个国家（地区）经济社会发展伊始，政府部门可以出台相关政策措施，实施不平衡发展战略。具体而言，区位优势明显、资源富集以及经济发展基础良好的区域应得到优先发展，并借助政府出台的政策措施，确保投资等经济活动的高效率和经济增长的快速度。值得注意的是，上述发展过程应避免区际发展出现太大差异，并适时出台相关政策措施来遏制发达地区与欠发达地区发展差距的快速扩大，通过回波效应和扩散效应实现优先发展区域和欠发达地区的互动协调发展。当然，上述发展过程，政府部门不仅要重视重点区域的发展，也应通过相关优惠政策引导欠发达地区的发展。总之，西方学者的大量研究成果验证了缪尔达尔的上述观点，理论假设与现实发展实际较为接近。鉴于此，缪尔达尔的累积因果循环理论在理论界得到较为普遍的认可，并在实践中得到了较好的运用。

增长极理论借鉴了物理学的"磁极"理论，最初是由法国经济学家弗朗克斯·佩鲁（Francois Perroux）提出的。该理论以抽象的经济空间作为逻辑起点，为了使欠发达地区较好地得到劳动和资本等生产要素的进驻，政府应该通过转移支付的方式在欠发达的区域构建增长中心，即增长极。以便使增长极自身迅速扩张，还会通过乘数效应有力地推动其他部门或地区经济活动的扩张，进而引起核心区经济的快速发展。该理论运用极化效应[①]和扩散效应[②]解释增长极对区域经济差异的影响，其中，极化效应和扩散效应均随距离而衰减，二者的作用方向是相反的，二者的综合影响一般被理解为溢出效应[③]。"增长极"理论能够对真实的经济发展过程进行准确的刻画，有力地解释区域经济差异的形成和扩大；该理论鼓励制度创新和技术革新，推崇创新

---

①　极化效应是指推进型产业的迅速增长将引起其他经济活动不断趋向增长极，使周围地区的劳动力、资金、技术等要素转移到核心地区，剥夺了周围区域的发展机会，使核心地区与周围地区的经济差异扩大，这是增长极对周围区域产生的负效果。

②　扩散效应是指增长极的推动力将通过一系列联动机制而不断向周围地区发散，这些发散最终将以收入增加的形式对周围地区产生较大的地区乘数作用。

③　若极化效应大于扩散效应，净溢出效应为负值，这对落后地区不利；若极化效应小于扩散效应，净溢出效应为正值，这将对落后地区有利。

型企业，有利于社会的进步与变革；该理论具有简洁明快的风格，政策含义也直接明确，容易被政策制定者理解接受。因此，该理论被很多国家用来指导政策的制定和经济活动。尽管发达国家（地区）和欠发达国家（地区）经济体制等领域不尽相同，这使得上述理论框架下区域发展实践各不相同，但是，在非均衡增长理论中，该理论同样占据重要地位。

区际经济增长相互传递理论、中心外围论、梯度推移论与"增长极"理论非常相似，都主张区域经济的非均衡增长，以达到区域经济的协调发展。

美国经济学家 J. G. 威廉姆逊（J. G. Williamson）以罗斯托（Rostow）的增长阶段理论为基础，在经济增长阶段与区域经济差异程度的耦合性关系的研究中，引入了库兹涅茨（Kutznis）倒"U"理论，换言之，上述问题的实质是，通过构建倒"U"型模型，研究时间序列与空间结构变动的关系，如图 2－2 所示。

图 2－2 中横轴代表的是一个国家（地区）的经济发展阶段，纵轴代表的是该国（地区）经济发展的空间结构变动。一般而言，一国（地区）经济发展的初始阶段，区际发展差距拉大；当区域经济发展步入成熟阶段，区际发展差距呈现收敛态势。在经济发展阶段中存在一个转折点，在转折点左侧，区域经济差异扩大，在转折点右侧，区域经济差异缩小。

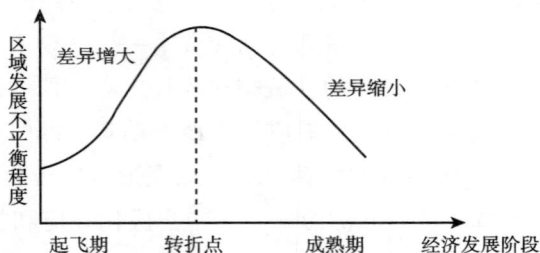

图 2－2　威廉姆逊的倒"U"型曲线

威廉姆逊注意到区域平衡增长和区域不平衡增长理论间的冲突，试图通过倒"U"型对其进行调和。当然，上述倒"U"型模型更是 19 世纪 70 年代以来新古典经济学复兴影响下的学术成果。

总之，区域经济非均衡增长理论以解释区域经济差异存在的必然性以及区域经济差异缩小的可能性为目的。特别是威廉姆逊的倒"U"型模型，从经济发展阶段的角度对区域间经济差异的存在及发展趋势问题进行了必要的探讨，这对于我们理解区域经济差异的变化问题非常有益。

三、研究述评

平衡增长及不平衡增长理论都属于区域经济增长理论，大推进论和贫困的恶性循环理论都属于低水平平衡增长理论。上述两种平衡增长理论对区域经济差异的存在持否定态度，一味主张同步发展区域经济。对区域经济差异不断扩大的事实而言，该类理论不仅无法提供理论解释，而且无法提出遏制区域经济差异扩大的政策建议。因此，当面临普遍的区域经济差异时，平衡增长理论缺乏继续研究下去的动力，从而陷入停滞。

区域不平衡增长理论中包括中心-外围理论、累积循环因果理论、梯度推移理论、增长极理论、倒"U"型模型以及区际经济增长相互传递理论等六种理论。区域经济不平衡增长理论的核心思想是：在既定资源禀赋结构存在差异的现实情况下，经济体只有有选择地率先发展某些部门或地区，才能实现整体经济的发展，并从资源稀缺的角度指出区域平衡增长的不可行性。承认区域经济差异存在的必然性，并以不平衡的增长战略来实现区域经济的均衡发展，很好地解释了区域经济差异不断扩大的现实，也通过其提出的政策在一定程度上遏制了区域经济差异的扩大。

区域经济发展中，区域平衡增长和非平衡增长均可为各国（地区）制定区域发展战略提供理论指导。本书认为，不平衡增长理论可为发展中国家和欠发达国家经济发展初期提供理论指导。换言之，在经济基础薄弱，无力进行全面投资时，只能是集中力量发展某些地区、某些部门，优先发展具有先天优势的地区和部门，待积攒一定的财力之后再反哺其他地区或其他部门，实施区域均衡增长，实现区域经济协调发展。中国改革开放之初对东部实施各项优惠的政策就是对区域不平衡增长理论的实践，取得了很好的效果。

第三节　人力资本相关理论

人力资本理论的形成和不断发展与经济增长理论是紧密相关的，因此，本书有必要对人力资本理论进行系统梳理，并清晰界定人力资本的内涵。

一、人力资本理论的发展

(一) 人力资本思想回顾

人力资本思想很早已产生，但其一直都是附属于政治思想和哲学思想的。人力资本思想的出现，源于对人的经济价值的认识。中国古代的春秋时期（约公元前 770 年～公元前 476 年），齐国仲父管子的著作《管子·权修》中阐述了"十年树木、百年树人"的原始人力资本思想，认为要获得最大的收益，培养人是最好的选择。西方古希腊时期（公元前 800～公元前 146 年），柏拉图（plato）在《理想国》中论述了教育和训练的经济价值，但他把人的能力视为天生的禀赋，认为人们生来具有某种才能，"只要每个人在适当的时候干适合他性格的工作，放弃其他的事情，专搞一行，这样就会每种东西都生产得又多又好。"（柏拉图，2003）这体现了人会由于接受了教育和训练而使能力得到延伸的思想。

可见，这一时期的人力资本思想，主要是意识到人具有重要的作用，教育可以提升人的能力，并未上升到理论高度。

在具有现代意义的经济学创始之初，人力资本的概念也没有明确出现。虽然亚当·斯密等经济学家意识到了劳动对价值创造的源泉作用，但人力资本被模糊到劳动的范畴之内，没有被单独列出，只是曾用比喻的方式认为，人的能力应该被资本所包含，遗憾的是，在该发展阶段，资本的概念中，从未真正地将人的才能涵盖在内。学者们将工资理所当然地视为劳动者的报酬，将利润仅作为物质资本的报酬来看待。虽然，有这样那样的不足，但人力资本思想能够在当时就被论及，已经是对已有理论的重大突破。这对后来人力资本理论的出现，奠定了坚实的研究基础。

时间演进到 19 世纪，马歇尔（Marshall，2005）等认为，人的技能和人的能力就是一种资本，认为："一切资本中最有价值的莫过于投在人身上的资本"。20 世纪初期，费希尔（Fisher）扩展了资本的定义，并重新定义资本为：任何可以带来收入的财产。认为人力也只一种资本。舒尔茨（1991）认为费希尔真正提出了一个完整的资本概念，并且是令人信服的。然而，在此之后的漫长历史时期中，人力资本的概念却被经济学家们所遗忘。

古典经济学以及新古典经济学阶段，物质资本决定论在经济增长领域大行其道，这与当时的经济时代①是密切相关的。

（二）现代人力资本理论的形成

20世纪50~60年代，经济学研究领域出现了一系列的"经济之谜"。这一系列的"经济之谜"具体涉及两大经济研究领域，第一个经济研究领域为经济增长领域，第二个经济研究领域为收入分配领域。出现在经济增长领域中的"经济之谜"被广大学者们称为"现代经济增长之谜"②。而出现在收入分配领域中的"经济之谜"有多个，主要包括三个方面：其一，是涉及工人工资问题的工人收入增长之谜③；其二，是涉及国际贸易方面的里昂惕夫之谜④；其三，是涉及资本形成方面的库兹涅茨之谜⑤。这一系列"经济之谜"使得经济学家们对传统的经济增长理论和资本理论都提出了质疑，为人力资本理论的出现提供了理论前提。另一方面，第二次世界大战的战败国德国和日本，创造了经济奇迹，马歇尔计划的实施取得了巨大的成功，促使经济学家们发现传统经济学的不足，并探索新的经济理论。

在20世纪60年代初，1979年诺贝尔经济学奖获得者舒尔茨（1902~1998）发表了诸多关于人力资本与经济增长的著作。这些著作的出现，使得人力资本概念被广大学者所关注。舒尔茨认为，推动社会进步、实现经济增长的决定因素是人力资本，并强调其对解释收入差距问题的重要性，促成现代人力资本理论的形成。舒尔茨也因此被誉为"现代人力资本之父"。舒尔茨认为人力资本不是先天具有的，而是必须通过后天投资才能获得的，投资

---

① 该时期，大多数国家都处于工业经济阶段。

② 20世纪50年代，众多美国的经济学者通过对美国经济的研究发现：产出增长率远大于土地、实际劳动量和生产性资本三者投入数量的增长率，这个产出增长大于投入增长的余值是用新古典经济学坚持的资本同质、劳动力同质假设的增长理论和资本理论所不能够给予解释的，也就形成了现代经济增长领域著名的"经济增长之谜"。

③ 美国等西方国家的工人在劳动工时普遍缩短的情况下，实际收入水平却有了大幅度的提升，在传统经济学的范畴内无法解释其原因，这种现象被称为"工人收入增长之谜"。

④ 俄裔美国经济学家沃西里·W.里昂惕夫（Wassily. W. Leontief）对美国的对外贸易情况进行分析，他运用了投入产出模型来考察美国出口产品的劳资比和美国进口替代产品的劳资比，得出了一个让人难以置信的结论，即美国参加国际分工是建立在劳动密集型专业分工基础上的。这一结论与俄林—赫克歇尔的资源禀赋理论完全相悖，原有理论再一次被质疑，形成了"里昂惕夫之谜"。

⑤ 20世纪60年代初期，库兹涅茨在对美国的资本形成进行研究的过程中发现：经济增长的同时资本形成速度却在下降，这对于美国这个资本高度密集的国家而言，净资本形成在减少和储蓄与资本的作用是相互矛盾的，这即是著名的"库兹涅茨之谜"。

途径主要有教育、培训、医疗保健和迁移等。特别指出，人力资本投资是回报率最高的投资。

舒尔茨的这些开创性研究，发展了人力资本理论，奠定了内生增长理论的基础。然而，但凡理论的创始人，其思想都不免草创，舒尔茨的理论也存在很多的不足。举例来说：对人力资本的概念仅仅是一种理解，不够深入；分析问题侧重于定性分析；缺乏微观分析的数据基础，仅仅是进行了宏观分析等。

（三）新制度经济学中的人力资本理论

1937 年，英国经济学家科斯（Coase），发表了论文——《企业的性质》。以该论文的发表为标志，新制度经济学诞生。该理论的产生，对传统经济增长理论提出了挑战。挑战的关键点在于，新制度经济学认为经济增长的根本原因在于制度，而传统经济学认为经济增长的原因在于物质资本的积累、劳动投入增加，同时新制度经济学认为传统经济学中所谓的经济增长的原因，都是经济增长本身，强调了制度对经济增长的重要作用。在新制度经济学中主要包含交易费用论、产权理论、企业理论和制度变迁理论。企业理论认为，人力资本主要依靠企业作为其发挥作用的载体，并成为解释企业内部治理问题的关键要素。另外，人力资本的载体是劳动者，其是有独立思想的人，因此，其可以主观能动地发挥自己的创造力。劳动者在工作过程中，其才能的发挥具有不完备特性。人力资本的积极性及其测度都会受到企业环境、企业管理方式和组织构成的影响，这个时候就需要有效的制度安排及适当的激励—约束组合充分地发挥作用，进而将人力资本的积极性充分调动起来，发挥人力资本的潜能。上述制度安排及激励—约束组合能够克服人力资本在使用过程中所面临的监督困难，并有效地提高其使用效率。

（四）软投入理论对人力资本的解释

19 世纪 80 年代，李国璋基于理论界对索洛余值的解释，独辟蹊径地提出了软投入理论。该理论把生产中人为提供的一切条件称作广义投入，其中具有物质形态的投入称作硬投入，例如机器设备等；不具有物质形态的投入称作软投入。李国璋把软投入要素概括为三类：综合政策投入（体制、政策）、综合科技投入（教育、科技）、劳动者积极性投入。其中，劳动者积极性的含义是：全社会劳动者在生产活动中所表现出的道德、创造力和努力程度。软投入要素进一步分为科技型软投入（科技、教育）和非科技型软投入（体制、政策、劳动者积极性）。软投入理论认为，在经济增长中，硬投入是经济增长的基础，软投入作用于硬投入形成投入组合，经济增长的绩效和质量是由投入组合质量决定的，归根结底是由软投入组合质量决定的。在现阶段中国经济增长中，经济增长的绩效和质量是由非科技型软投入（体制、政策、劳动者积极性）决定的。人力资本中的科技素质是由受教育程度（包括干中学）决定的；人力资本中的能力素质即为劳动者积极性。软投入理论对人力资本的界定是：劳动者的积极性、受教育程度、健康。

劳动者是劳动者积极性的载体，劳动者会与之同时被投入到生产过程。劳动者也是具有不同类型的，可以是生产一线的劳动者及科技人员（普通劳动者），也可以是各级政府的领导者等。在现阶段中国经济增长中，普通劳动者与各级政府领导者起的作用不相同。各级政府的领导者是改革的推动者，是政策的制定者，同时也是政策的执行者。各级政府领导者在经济增长中的作用与其积极性质量密切相关。

以往理论界的研究涉及人力资本时，通常仅考虑劳动者受教育程度，或者说仅以受教育程度来评价人力资本质量。我们认为，不论从理论上还是实际上，评价人力资本质量都应该包括劳动者积极性因素。联系中国经济增长的实际，在全国已经普及九年义务教育、一部分劳动者已经接受高等教育情况下，劳动者积极性质量的重要程度超过了受教育程度——这也是本书在分析区域人力资本差异时重视考虑的一个因素。

劳动者积极性是一个非常重要的软投入要素，人力资源如何得到最大限度的利用与劳动者积极性分不开。改革开放前夕，安徽小岗村 18 户农民的创举，正是劳动者积极性（道德、创造力、努力程度）极大提高的结果。改革开放中诞生的著名的"温州模式"，正是温州广大劳动者创业精神、创新精神、奋发图强精神的成果。

二、人力资本的内涵与度量

（一）人力资本的概念

舒尔茨被公认为现代人力资本理论的创始人。他认为人力资本是"体现在人身上的知识、能力和健康"（舒尔茨，1991）。贝克尔认为人力资本是

"才干、知识和技术以及时间、健康和寿命";卢卡斯（1988）为了推导其人力资本溢出模型，认为"人力资本是指个人的一般技术水平"这种定义的目的是有针对性的，但对人力资本实际含义的阐释却是欠缺的；《辞海》从两个角度解释了人力资本，一种是指为提高人力资源的生产率所作的投资；另一种是指一种无形资本，即通过教育和培训，使劳动者获得某种知识或能力，进而能够创造价值。

基于学科背景和知识体系的差异，中国专家学者就人力资本的概念给予了不同的解释。李建民（1999）从个体和群体两个角度界定了人力资本，他认为个体人力资本是指存在于人体之中，后天获得的具有经济价值的知识、技术、能力和健康等质量因素之和；群体人力资本是个体人力资本的总和。李建民强调了人力资本是具有经济价值的质量因素。侯风云（1999）认为，人力资本同其他资本一样，具有对利润的剩余索取权，是通过人力资本投资形成的一种重要的生产要素。并明确了人力资本收益性的性质，并阐明了人力资本属于价值范畴，和其他资本一样具有资本收益性。冯子标（2000）认为，人力资本主要由知识、信息以及技术组成，在市场经济条件下，可以发挥主导作用，是一种高级劳动能力。王金营（2001）将人力资本视为经投资形成并凝结于人身体内能够物化于商品和服务的知识、能力、健康等，其在增加商品和服务的效应的同时，成为获得收益的基础。王金营的定义精炼地表现出人力资本的价值、收益和资本三方面的特性。张一力（2005）对人力资本的类型进行了划分，即一般人力资本和专业人力资本；前者是指个体（群体）接受普通教育后所蕴含的知识、能力和健康等经济价值的加总，后者是指具有特殊技能的人力资本。张文贤（2008）认为，人力资本是以某种代价获得并能在劳动力市场上具有价值的能力或技能，通过投资形成，具有价格，其价值可增值。高素英（2010）认为，人力资本是通过人力资本投资所开发形成的人的各种能力的总和。她把人力资本分为三种类型，包括身体、道德以及科技文化等素质。除上述对人力资本的界定外，李国璋的软投入理论（1995）对人力资本的界定是：劳动者的积极性、受教育程度及健康。

梳理已有文献，专家学者就人力资本从不同的角度进行了定义，就内容而言，人力资本大致涵盖知识、道德水平、健康以及能力等质量因素；就本质而言，人力资本属于价值范畴；从形成途径来看，是需要通过投资才能形成的；从作用来看，能够促进生产效率提高并增加商品及服务的效应；从目的来看，能使人和社会获得收益。

综合前人的研究成果，本书认为，人力资本是指在个体（群体）通过投资习得和内化的可以创造经济价值的知识、健康以及能力等质量因素的总和。

（二）人力资本的特质

本书认为人力资本与物质资本一样，也隶属资本范畴，即物质资本和人力资本皆需要通过投资形成。从而具有资本性（收益性），但人力资本具有物质资本所没有的诸多特征：一是，人力资本须有依托载体，即依附于人体而存在，其不能脱离载体而单独存在，即人力资本和载体间具有不可分割性。二是，人力资本是先天和后天的综合体。先天的人力资本是指，人与生俱来的包括身体、心理、智力等先天能力，后天的人力资本是指通过各种途径的学习所获得的知识、技能、经验等，这些都是人力资本的组成部分，前者为后者的形成奠定了坚实的基础。三是，异质性，人力资本异质性指的是人力资本所包含的能力是有差别的，不同个体所具有的人力资本是异质的。人的知识、技能、体力等因素决定了人力资本能力的差异性。人力资本异质性符合当代社会"能本主义"的政策主张。能本主义认为，针对人力资本的差异性，应区别对待，通过有差别的制度设计，组织管理以及规约机制等政策措施来最大限度地发挥其潜能。四是，动态性和时效性，人力资本会随着人体成长阶段的变化而变化，即随着时间的变化，人力资本处于动态变化之中。五是，价值实现的自发性和价值效能形成的偏好性，人力资本效能的发挥受个人偏好的影响，其价值的实现受到人力资本载体的影响，由其载体自主寻找机会，通过载体，自主寻找机会和市场，进而实现人力资本的价值。六是，多样性的习得途径，人力资本可以通过正式和非正式两类途径获得，正规学校教育等属于正式途径。个人交往、工作经历等属于非正式途径。七是，外部性和传递性，人力资本的外部性是指人力资本投资既可以使个体及其家庭受益，也可以使社会收益。人力资本的传递性是指人力资本在父母子女之间的代际传递和师生之间的传播。

（三）人力资本存量水平及其测度方法

一般而言，一个国家（地区）人力资本存量主要由人力资本的数量和质量两部分组成。就人力资本测度而言，国内外研究成果丰硕，测度方法不尽相同，对本书研究工作的开展奠定了良好的基础。本书则要回顾成本法、教育指标法以及收入法等三种测度方法。

1. 成本法

成本法是引入会计学的成本核算原理来测度人力资本存量。假设人所具

有的知识、技能水平等由后天对这些知识、技能的投入支出来决定。其主要
内容是人力资本存量可理解为人的成长过程中所有支出的货币价值的加总。
人力资源资本化则是成本法的实质。人力资本实际测度中，涉及人力资本的
当期存量和人力资本的成本支出，前者由人力资本形成过程中各项投入的累
加得到，后者则是采用会计核算的方法计算得到。测度公式如下。

$$H_t = H_{t-1} + I_t \qquad\qquad (2-4)$$

其中，H_t 代表第 t 期末的人力资本存量，H_{t-1} 代表 t 期前一期期末的人力资本
存量，I_t 代表第 t 期的人力资本投资量。

　　成本法的明显优点是：可以用货币价值来衡量人力资本存量。该方法不
仅从经济意义上提供了较为合理的解释，而且现有统计指标设置的数据也为
此提供了素材基础。然而，该方法的运用过程中也会遇到不可逾越的问题。
其一，从货币价值的角度而言，尽管生产成本和人力资本存量具有一定的相
似性，但是，影响二者的因素不尽相同，例如，人力资本存量还会受到需求
供给、时间偏好以及文化习俗等多种因素的影响。因此，运用成本法计算的
人力资本存量在稳健性和一致性上无法得到保证。其二，采用成本法计算人
力资本存量的过程中，与其他物质资本一样，需要估算折旧率，进而采用永
续盘存法估算人力资本存量。显而易见，人力资本存量计算结果的准确性，
将会受到折旧率估算准确性的影响。

2. 收入法

　　直观而言，收入和能力成正比，若是某人接受了某种非常实用的教育类
型，则他在市场上将获得较高的收入。正是基于上述思想，出现了核算人力
资本存量水平的收入法，通过测算劳动力收入差异来估算其人力资本存量。

　　收入法的基本内容是，设定单位人力资本存量，即假定未受过教育的劳
动者提供一单位的人力资本的劳动。该方法认为，单位人力资本不会随着时
间和地点的变化而变化。上述假定为不同地区、不同时段人力资本存量的测
定及比较提供了可能性。[①]

　　在相同的经济活动环境中，对于参与生产过程中劳动者而言，劳动者人力

---

　　① 有一点需要注意，即便单位人力资本在不同地区、不同时点下相同，也不意味着单位人力资
本在不同地区及同一地区的不同时点会取得相同的工资收入。因为工资不仅仅与人力资本有关，还与
劳动力以外的其他投入要素有关（例如人均物质资本、技术水平等）。在不同的经济环境下，由于人
力资本以外的因素是不同的，因此，即使人力资本相同，劳动者也未必取得相同的工资收入。

资本的差异是其工资差异的根本原因。换言之，人力资本存量的相对差异可以由工资的相对差异来体现。因此，如果估算出单位人力资本的工资水平，那么劳动者实际工资水平与单位人力资本的工资水平的比值就是劳动者的人力资本存量。

按照这一方法，将一个国家或区域内所有参与劳动的劳动者的人力资本存量加总起来，所得到的就是人力资本总量。人均人力资本存量水平＝人力资本总量/劳动者数量。

然而，收入法测算人力资本存量在实施的过程中需要解决一个关键的问题，那就是怎么估算出"单位人力资本"所能获得的实际工资？这确实是一个难题，虽然国内外学者都在探索，但是由于受到数据不易获得、工资具有刚性、劳动力歧视政策、政治体制等因素的影响使得按照收入法测算人力资本存量，会非常的困难。

3. 教育指标法

上述两种方法都是从货币价值的角度来估算人力资本存量，教育指标法则是以教育获得程度间接描述人力资本的存量水平。教育指标法认为，受教育所习得的知识，是人力资本的重要内容，受教育程度的高低影响人力资本存量的大小。一般而言，接受教育程度越高，人力资本存量就越大。

根据国内外学者进行相关研究的过程中所使用的指标来看，教育指标法测度人力资本存量过程中，成人识字率、平均受教育年限、学校入学率以及教育收益等是常用指标。

然而，众多学者的研究表明，教育指标估算人力资本存量的过程中，成人识字率和学校入学率的使用具有一定的理论缺陷[①]。鉴于此，目前，在人力资本存量测算过程中，更多的是选用受教育总年限和平均受教育年限两个指标。

一般而言，用平均受教育年限估算人力资本存量，以式（2-5）为基本计算公式。

$$h_t = \sum_{i=1}^{n} edu_{it} \times n_{it}, \ H_t = h_t \times L, \ i = (1,2,\cdots,n) \qquad (2-5)$$

---

① 成人识字率反映了教育成就中人口识字水平的高低，但这仅是人力资本中最基础、最低层次的部分，忽略了由中、高教育、职业教育等带来的更高层次、更重要的人力资本存量部分。学校入学率是采用当前学生入学人数与当前适龄人口数作比，而学生并不是劳动力的组成部分，学生所获得的教育也不能直接用于当前的生产。换言之，当前的入学率与目前劳动力身上的人力资本存量并不具有对应或稳定的相关关系。劳动者的人力资本存量只是间接的依赖于学校入学率的滞后值，这种滞后时间依赖于教育周期的最长期限，可能相当长。而且入学率体现的是教育阶段内新增的人数，是流量而非存量。

其中，H_t 代表第 t 期的人力资本的总存量，h_t 代表第 t 期的人力资本的平均存量水平，edu_{it} 代表第 t 期第 i 层次受教育程度的累积受教育年限，n_{it} 代表第 t 期，接受第 i 层次教育程度的劳动力占总劳动人口的比例，L 代表劳动人口的总数。

教育年限法测算人力资本存量，方法简便易行、数据易得，所以，其是目前使用较多的测算人力资本存量的方法。本书在测算人力资本存量时采用教育指标法中的受教育年限法。

三、人力资本作用于经济增长的机制

知识经济化伴随了世界经济的发展过程，而知识经济化的结果就是经济知识化。经济知识化在世界各国不同程度地演进，知识正在成为影响劳动生产率提高的主要因素；智能机器的大量应用，极大地减少了劳动者的脑力支出；生产环节，智能消耗大幅度提高，这一特征在实物型生产中愈益明显。在未来的知识经济社会中，知识的载体由工业经济中的物转向人，在经济发展过程中，掌握了知识的人起到一定的决定性作用，人力资本积累日益成为知识经济中生产方式的中心。自改革开放以来，中国处于经济的转型期，所处的经济发展阶段应属工业经济中后期。这一时期的区域经济增长过程中，人力资本的作用日益凸显，具有在未来时期演变为经济增长重要源泉的巨大潜力。进而，人力资本将会成为区域经济增长差异的重要解释因素。

现实的问题是，如何对人力资本促进经济增长的作用机制进行深入研究，以便更好地解释区域经济增长差异。根据已有研究，本书认为，主要存在两种人力资本作用于经济增长的机制：人力资本作为一种独立的要素参与经济过程，对经济增长的直接作用机制；将人力资本内生化，作为经济系统的内部因素，以技术进步的内生作用为中介，进而揭示人力资本对经济增长的间接作用机制。一般而言，前者被称为卢卡斯式作用机制，后者被称为尼尔森—菲尔普斯作用机制。

有效劳动模型和人力资本外部性模型均可作为卢卡斯式作用机制的模型基础。其中，有效劳动模型的数学表达式为：

$$Y_t = A_t K_t^{\alpha} H_t^{\beta} = A_t K_t^{\alpha} (L_t h_t)^{\beta} \qquad (2-6)$$

其中，Y_t 代表产出，A_t 表示不变的技术进步水平，K_t 代表生产过程中的物质资本投入，H_t 为卢卡斯所说的有效劳动投入。$H_t = L_t h_t$，体现人力资本与普通劳

动结合对经济增长发挥的要素生产功能特性，其中，L_t 为生产过程中的劳动投入，h_t 表示劳动者的人力资本存量水平。α、β 分别为物质资本投入与有效劳动投入的产出弹性。

　　与新古典增长模型比较而言，有效劳动模型认为劳动要素并非单纯的数量投入，还应考虑劳动者人力资本存量差异，即劳动投入过程中劳动者间的质量差异。有效劳动模型揭示了经济增长中人力资本的内生性作用。为进一步研究人力资本对经济增长的内生性作用提供了思路。

　　进一步讲，经济增长过程中，与其他生产要素一样，人力资本具有要素投入功能。但同时也具有外部性①，可以提高其他生产要素效率的功能。为了估算人力资本存量水平对其他生产要素生产率的外溢作用，卢卡斯（1988）提出了人力资本外部性模型，其数学表达式为：

$$Y(t) = AK(t)^{\beta} \left[\mu(t)N(t)h(t)\right]^{1-\beta} h_{\alpha}(t)^{\gamma} \qquad (2-7)$$

其中，A 表示不变的技术水平，$K(t)$ 表示物质资本存量，$\mu(t)$ 表示投入生产中的劳动时间，$N(t)$ 表示投入到生产中的劳动力人数，$h_{\alpha}(t)^{\gamma}$ 表示人力资本的外部效应，$h(t)^{1-\beta}$ 表示人力资本的内部效应。中国学者王金营（2001）简化了卢卡斯的人力资本外部性模型，从人力资本外部性的视角构建了内生性生产函数，表达式为：

$$Y = A(t)K_t^{\alpha}H_t^{1-\alpha}h_t^{\beta} \qquad (2-8)$$

其中，劳动者投入的有效劳动用 H_t 表示，蕴含在劳动者身上的平均人力资本水平用 h_t 表示，其代表了人力资本的外部性；其他变量的含义同式（2-6）。人力资本外部性模型较好地体现了人力资本的要素投入功能及其外部性。

　　卢卡斯式作用机制将人力资本作为生产过程的直接要素投入，不需要其他要素与之配合，进而该机制认为，人力资本积累是促进经济增长的重要源泉，人力资本积累率的差异，将会导致区域经济增长差异。因此，出台并实施提高人力资本积累率的相关政策，可以有效地缩小发展中国家（地区）与发达国家（地区）的经济差距。

---

　　① 劳动者之间在合作与竞争过程中互动、分享并创造新的知识和技能，平均人力资本投入的增加会提高所有要素的劳动生产率，在增加个人工资水平的同时，也使其他劳动力工资水平得到提高，进而使社会平均工资水平得到提高。

尼尔森—菲尔普斯式作用机制中，将人力资本视为技术进步的内生性原因，以技术进步为中介，揭示了人力资本对区域经济增长的间接促进作用。进一步讲，人力资本作为技术进步或技术模仿的源泉而促进技术进步，其作用机制可以用数学模型表示为：

$$Y_t = A_t(H_t) K_t^\alpha L_t^\beta \qquad (2-9)$$

其中，技术 A_t 被内生地给定：

$$\frac{A_t - A_{t-1}}{A_{t-1}} = \delta H_{t-1} + \mu H_{t-1}\left(\frac{A_{t-1}^* - A_{t-1}}{A_{t-1}}\right) \qquad (2-10)$$

其中，δ 为技术创新参数；μ 为技术模仿参数；A^* 为技术边界，即最发达地区的技术水平。

将式（2-9）两边取对数差分，并将式（2-10）代入，得到：

$$\log\left(\frac{Y_t}{Y_{t-1}}\right) = \alpha_0 + (\delta - \mu)H_{t-1} + \mu H_{t-1}\left(\frac{y_{t-1}^*}{y_{t-1}}\right)$$
$$+ \alpha\log\left(\frac{K_t}{K_{t-1}}\right) + \beta\log\left(\frac{L_t}{L_{t-1}}\right) + \varepsilon_t \qquad (2-11)$$

其中，y 代表人均产出，y^* 代表最发达地区的人均产出，$(\delta-\mu)H_{t-1}$ 表示人力资本的技术创新作用，$\mu H_{t-1}\left(\frac{y_{t-1}^*}{y_{t-1}}\right)$ 表示人力资本的技术模仿作用。

显然，尼尔森—菲尔普斯式作用机制看重技术进步的中介作用，分析了人力资本对经济增长的间接促进作用。进而认为促进国家（地区）间技术进步能力的人力资本差异是导致区域经济差异的重要原因。

那么，要缩小区域间的经济差异，就要实施提高技术创新和技术模仿能力的人力资本政策。

两种作用机制的假设前提是有区别的，前一种作用机制假定教育对个人从事一切工作①的生产率具有相同的影响②；而后一种作用机制则假定教育主要是用来提高个人的创新、技术吸收和加速技术扩散的能力③。

----

① 不管是日常的还是创新的。
② 意味着人力资本被视为生产函数中的普通投入品，即使在技术保持不变的前提下，教育的边际生产力恒为正。
③ 意味着教育的边际生产力只有在技术进步条件下才为正。

四、研究述评

梳理人力资本的发展历程及相关理论，可以发现，最初人力资本是由政治家或哲学家提出，随后引入经济学领域，在经历了发展完善之后，人力资本理论演变成为系统的理论体系。一定意义上讲，人力资本理论体系的完善也是一系列"经济之谜"逐步得到解答的过程。舒尔茨所开创的人力资本理论，乃是系统人力资本理论的重要组成部分。伴随着学科交叉发展，新制度经济学中所涉及的人力资本理论和软投入理论对人力资本的解释对人力资本理论的研究内容而言，起到了丰富的作用。鉴于此，本书认为，在知识经济化的过程中，人力资本对经济增长的促进作用愈益增强。

本书首先对人力资本的概念进行了梳理，进一步界定了人力资本的定义，对人力资本的特点进行概括，并对已有的测度人力资本存量的方法进行了归纳总结，重点归纳提出，人力资本通过技术进步间接地促进经济增长的作用机制。

综上所述，经济增长实践催动人力资本理论的形成与发展。特别地，新经济增长理论将人力资本看作是促进经济增长的内生因素，并拓展了人力资本促进经济增长的作用机制研究。可为人力资本对经济增长作用的研究提供良好借鉴，具有一定的理论意义和现实价值。然而，新经济增长理论在人力资本存量测度方法上缺少突破是其局限性所在。本书拟在人力资本间接促进经济增长的作用机制上进行进一步的深入研究。

第四节 国内外研究进展

一、中国区域经济差异研究

中国的区域经济差异是否存在？若存在，其变动趋势是什么？影响区域经济差异的因素有哪些？关于中国区域经济差异的国内外研究回答了上述几个问题。

（一）关于区域经济的差异测度和趋势问题

国内外诸多学者使用不同指标和数据样本长度以及采用不同的地域划分

方法对中国区域经济发展的差异问题进行了测度，例如，崔（Tsui，1991）运用人均国民收入指标测度中国 1952～1985 年区域经济差异的变化，得出的结果是：1952～1970 年中国区域经济差异变化不明显，1970～1985 年中国区域间的经济差距急剧扩大；简（Jian，1996）运用省份人均真实收入指标测度中国的地区经济差距，认为 1978～1990 年中国各省份的人均收入是趋于收敛的，1990 年以后，则是趋于发散的；杨（Yang，1999）利用人均 GDP 指标计算泰尔指数并将其分解，研究显示，中国在 1978～1994 年间，经济差距在地区间的发展变化过程大体呈现出"U"型曲线趋势，在 1990 年以前沿海地区与内陆地区经济差异有所减小，而在 1990 年以后地区经济差异开始扩大；福吉特和胡（Fujita and Hu，2001）对 GDP 和工业总产值的泰尔指数进行分解，认为沿海地区内部的差异在缩小，但沿海与内地之间的差异却不断扩大。中国学者杨开忠（1994）在对中国的人均国民收入采用加权变异系数计算的基础上，对三大地带经济差距进行测算，认为三大地带的相对收入差距都呈现出扩大的发展趋势，得出中国改革开放以来的区域经济差距是扩大的结论；魏后凯（1996）运用泰尔指数分解法对 1985～1995 年中国各区域的居民收入差异进行分解，得出中国区域经济差异不断扩大的结论，将这种差异进行东、中、西部的泰尔指数分解，结果是东部内部的居民收入差异呈现扩大的发展趋势，但中、西部地区内部的居民收入差异还是较为稳定，变化幅度不大，将这种差异进行城乡的泰尔指数分解，结果是城乡间居民收入差异和农村内部居民收入差异对中国区域经济差异的贡献较大，城镇内部居民收入差异的相应贡献比较小；刘夏明（2004）对 1980～2001 年中国的人均 GDP 发展差距的基尼系数按照三大地区划分进行分解，研究认为中国地区间发展差距主要体现在内陆地区与沿海地区之间的差距。综上，大多数研究都是以面板数据为基础进行分析，使用人均 GDP、GDP 总量等经济指标计算经济发展区域间的差距统计指标，例如，标准差、极值差、基尼系数和变异系数等，指标显示的结果为：中国的区域间经济差异是存在的，变动趋势是分阶段的，虽然具体结果有差异，但大多都认为改革开放以后区域经济差异是扩大的。

（二）中国区域经济差异的形成原因

区域经济差异的不断扩大带来诸多负面影响，因此，一些学者开始将研究的目光投向中国区域经济差异的形成原因，以求找到缩小区域经济差异的办法。

威尔（Weil，1992）通过研究认为，城市间经济增长率的差异在一定程度上取决于对外资数量的吸引，产业增长率较快的地区伴随着出口数量的增加，因此，外国公司在技术上和管理上的溢出效应，在一定程度上对地区间增长率的差异起到促进作用，进而造成地区间经济差异。弗莱舍和陈（Fleisher and Chen，1996）研究认为，区域经济差异受到各地区的就业人口增长、资本投资率、外商直接投资、人力资本投资和地区区位等因素影响。夏永祥（1994）认为，国家宏观经济政策、城乡经济发展差距、经济结构、人口素质、区位因素以及市场经济的发育情况等是影响中国区域经济差距的重要因素。杨（Young，2000）分析认为，地区性保护政策加大了地区差距，地区性的市场保护容易导致本地企业资源配置状况与本地的比较优势发生偏离。然而，地区保护政策和市场分割本身就是一个内生性的结果，发展战略作用之下形成了地区分割政策（林毅夫等，1994）。蔡昉（2001）认为，在改革开放初期，中国中、西部地区与东部地区的城市化水平、人均收入水平以及工业化水平不同，从而导致了发展过程中的增长率差异，因此，东部居民收入的增长率要远远高于中、西部地区。然而，还有一些学者对区域差异产生的原因提供了其他解释。例如，魏敏（2004）从区域竞争力角度考察区域差异原因，认为虽然中国东部地区与西部地区在初始竞争力水平上大体相当，甚至东部某些地区的初始竞争力还比不上西部地区，但是现实竞争力有着较大的差距，导致了东部地区的总体竞争力要远远高于西部地区，东、西部地区区域经济差异可以归结为区位竞争力差异所导致。邓庆远（2005）认为，在中国区域经济差距形成的原因中，制度因素起到重要影响作用，国家实行的促进东部发展导向性的政策，促进了东部地区的快速发展，而西部地区发展滞后，形成了东、西部地区经济发展的差距。李国璋（1995，2002，2007，2010）在研究中国经济增长因素和区域经济增长因素时认为，形成区域经济差异的原因，除自然地理因素外，起决定性作用的是区域体制、政策和劳动者积极性差异，即非科技型软投入质量的差异，其中包括人力资本质量的差异。

对中国区域经济差异形成原因的研究已经取得了很大的进展，大多数学者都侧重于综合因素作用的结果，并对中国区域经济差异的长期增长趋势进行了深入研究，推动区域经济理论的不断发展。各影响因素的综合作用理解起来更符合实际，但是，在众多影响区域经济增长差异的因素中，总会有相对重要的。在新的历史时期，什么因素能对区域经济增长产生决定性作用，并最终决定区域经济差异能否收敛，已成为所有致力于促进区域经济协调发展的人们的重要研究课题。

二、人力资本与经济增长的研究

人力资本对经济增长有着较大的促进作用，这一点已经成为学术界共识，关于人力资本与经济增长关系的研究也非常广泛，本书从国内和国外两个方面综合考察关于二者关系的研究进展情况。

（一）国外研究进展

国外的经济学家们对人力资本影响经济增长的研究广泛而深入，基于本书的需要，主要介绍国外学者对人力资本促进经济增长的作用机制的相关研究。

首先，将人力资本作为要素投入，分析人力资本对经济增长的作用。多数学者是在细分人力资本的表现形式，并对各人力资本表现形式度量的基础上，以索洛模型作为基本的分析函数，按增长核算的方法对人力资本对经济增长的贡献进行测度。受教育年限是用来表征人力资本最常用的指标，曼昆、罗默和威尔（Mankiw，Romer and Weil，1992）等对索洛模型进行扩展，并且将人力资本在新的模型中进行引入，强调了人力资本对经济增长的作用。莫纳斯惕里惕斯、阿吉米吉安克斯和阿斯特里欧（Monastiriotis，V. and Agio-mirgianakis，G. and Asteriou，D.，2002）通过实证研究发现，高等教育层次的人力资本对持续的经济增长起着重要的作用。此外，还有一些学者探讨和测度了人力资本的分布结构，其测度方法与测度收入差距的方法相同，试图探寻人力资本不平等程度与经济增长的关系。帕克（Park，J.，2006）认为，应该进行分散的教育投资，实现教育分布结构的均衡化，才能促进经济增长。鉴于已有研究仅仅是从教育的角度进行人力资本研究，有些学者试图将健康人力资本引入经济增长模型中，巴罗（Barro，1996）首次在经济增长模型中将健康人力资本引入进来，研究结果认为，改善健康人力资本的初始水平对后续的经济增长有较大的促进作用。威尔（Weil，2005，2007）分别从个人微观角度和宏观跨国数据角度对健康人力资本在改善国家间的收入差距和人均产出差距方面产生的作用进行了验证。结果显示，健康人力资本对经济增长具有显著的促进作用。然而，另外一些学者的研究结果却有所不同。他们认为，健康人力资本在经济增长过程中发挥着非常微弱的正效应，甚至有可能产生一些微弱的负效应，例如巴尔加瓦等（Bhargava et al.，2001）。这些相关研究多数集中体现了人力资本的要素功能，并未注意到其还具有外部性，可以促进其他要素的生产率提高。阿西莫格鲁（Acemoglu，1996）研究发现，提高人力资本平均水平有利于促进企业的研发水平和物质资本提高，进而对经济增长有较大促进作用。费耶尔和卡塞利（Feyrer and Caselli，2006）基于对特殊人力资本的成本和效率进行考虑的前提下得出的研究结论是，资本生产率增长在地区间能够最终实现趋同。

其次，人力资本通过以 TFP 为中介对经济增长产生影响。费尔普斯和尼尔森（Phelps and Nelson，1966）研究认为，人力资本主要通过技术的创新效应和加速对技术的吸收与扩散促进经济增长的。本哈比和斯皮革（Benhabib and Spiegel，1994）基于跨国数据，对人力资本存量水平是否对国家间 TFP 增长差异具有促进作用进行了实证检验，结果是肯定的；但普里切特（Pritchetl，2001）却否定了在 TFP 增长中教育这一人力资本要素发挥的作用，研究结果支持了二者之间的负相关关系。伴随相关研究的深入，学者们倾向于一种新的观点，即一国的人力资本水平的差异用人力资本的平均水平不能够得到完全体现，不同类型的人力资本对 TFP 增长差异的贡献是有差异的，且均非常显著。赫普曼和格罗斯曼（Helpman and Grossman，1991）的研究认为，劳动力的技术构成会显著地影响一国的创新活动，主要体现为劳动力的技术水平与经济增长之间的正相关关系。范登博斯奇等（Vandenbussche et al.，2006）的研究结论是，平均水平的人力资本对 TFP 增长无效，而接受了高等教育的人力资本具有显著的促进 TFP 增长的作用。

（二）国内相关研究进展

中国国内学者对人力资本理论进行了不断深入和完善的研究，一方面，对经典模型在中国适用性进行验证；另一方面，也开始积极探索符合中国国情的研究角度和方向。其主要研究涉及如下五个方面。

第一，关于人力资本对经济增长贡献度的研究。

国内学者关于人力资本对经济增长贡献的研究以国外经济学家建立的内生增长模型为基础，从不同的研究角度探讨人力资本因素对经济增长的贡献，此外，模型的选用、数据的使用、对人力资本的测算以及问题分析的时间段选择都存在差异，导致测算结果也有较大的差异。但是，对于人力资本在促进中国经济增长的结论方面具有一致性（王金营，2001；孙敬水，2007）。另外，一部分中国学者扩展了人力资本的研究视角，从健康领域研究人力资本。刘国恩等人（2004）在增长模型中首次将健康人力资本引入，并对其进行了专门的研究，在研究中，他们主要使用微观数据对人力资本健康状况进行测度，并研究健康人力资本对个人收入的影响，研究结论是：劳动者健康状况的改善可以积极地促进劳动者个人收入的提高和劳动生产率的提高。余长林（2006）将健康人力资本引入内生经济增长模型中，并提出一个观点：教育人力资本和健康投资存在最优比例，达到该比例，人力资本投资就能促进经济增长。然而，与此同时，却有一部分中国学者研究出了一个不易被大多数人认可的结论，即教育投资对长期经济发展有可能存在潜在的负效应。例如，王弟海等（2008）的研究结论就是如此，他们认为健康投资对物质资本积累会起到一定程度的挤占效果，进而阻碍经济增长。随着对人力资本研究的不断深入，中国的部分学者们认为，与人力资本总量的扩大相比，人力资本结构的完善对经济增长的促进作用更大。李秀敏（2007）测度了中国区域人力资本结构，采用的是教育基尼系数这一指标。她认为改善人力资本结构系数将会对中国经济增长效率的改善有较大作用。魏立萍（2005）认为，异质型人力资本比同期同质型人力资本对中国经济增长的贡献更大，前者对经济增长的贡献一般是后者的两倍。刘智勇等（2008）研究认为，对于经济增长的贡献，中等教育和高等教育的联合作用机制更为显著。郭庆旺和贾俊雪（2009）的研究充分肯定了基础教育对中国地区经济增长较大的促进作用。欧阳峣和刘智勇（2010）的研究倾向于从匹配的角度来促进经济增长，认为发展中国家应该更加增强人力资本与其他发展要素之间的匹配性。黄玖立和冼国明（2009）基于中国28个省区的31个工业部门的实证分析，研究认为初等教育和高等教育对产业增长有较为显著的促进作用，而中等职业教育对东部沿海地区的产业增长起到较大的促进作用。

第二，关于人力资本对TFP贡献的研究。

国内学者从理论角度对人力资本对TFP的作用进行规范分析（易纲、樊纲、李岩；2003），更多的是偏向于对中国TFP的测度（涂正革，2007；赖明勇，2008），进而对TFP对经济增长的贡献进行探讨（庞瑞芝、杨慧，2008；陈娟，2009）。人力资本无疑是影响全要素增长的诸多因素之一，而且是较为关键的因素，一些学者从人力资本对TFP增长的贡献角度，对人力资本与经济增长之间的关系进行探究，例如，刘智勇（2008）研究得出，人力资本对 TFP 提高以及地区差异的缩小都有着关键作用。许和连等（2006）认为，人力资本对经济增长的促进作用，更倾向于通过作用于 TFP 而产生。此外，人力资本不平等和人力资本异质性等对 TFP 的影响，也成为一些学者进行研究的热点问题（肖志勇、魏下海，2010）。

第三，关于人力资本与经济增长关系的研究。

人力资本对经济增长贡献通常为正，这一点已经成为学术界共识，除此以外，学者们对这一贡献是否具有长期效应更为关注，并且探讨在未来的一段时期经济增长对人力资本是否会起到积极的促进作用。在检验人力资本和人力资本结构对经济增长的短期和长期作用机制中，学者们通常采用协整分析、误差修正模型以及格兰杰因果检验等方法。陈文静和何刚（2008）通过研究认为，人力资本与经济增长之间是一种单向因果关系；吉彩虹、佟仁城和许健（2006）对高等教育人力资本进行考察，认为人力资本对经济增长作用长期来看有着更大的影响，而且经济增长与高等教育之间存在着明显的单向因果关系；高韵、罗有贤（2008）从城乡角度探讨人力资本与经济增长之间的长期动态关系，研究认为，城市粗放型的人力资本开放模式对经济持续增长较为不利，同时，农村的人力资本对经济的带动作用也表现为非常微弱。然而，也有些学者研究认为人力资本对促进经济增长没有显著作用，例如，存在着人力资本与产业结构显著错位（侯亚非、王金营，2001）、人力资本利用效率偏低以及教育投入分布不均等严重问题（王宇、焦建玲，2005）。

第四，关于人力资本贡献与区域经济发展的研究。

由于在人力资本指标选用上存在差异，一些学者从区域尺度上对人力资本产出贡献率进行验证。郭志仪和逯进（2006）以西北地区为研究视角，研究认为，在各省区内部，人力资本对经济增长有着较高的产出弹性，人力资本外溢效应比较明显，但在各省区间的经济增长人力资本贡献则存在明显的差别。龚新蜀和田砚（2010）以新疆地区为研究视角，从实证角度分析了新疆人力资本投资在拉动经济增长方面具有较大的潜力。此外，还有王鸿雁等（2007）关于北京市的研究，董亚娟（2007）关于浙江省的研究。在对区域间经济增长差异进行比较时，通常将人力资本作为一个重要指标考虑。主要侧重于比较落后地区与发达地区产出弹性（孙淑军，2012）、比较东部和西部地区人力资本产出弹性（边雅静、沈利生，2004；王金营、郑书朋，2010）以及对落后省区内部各地区进行比较（李艳华，2009）。

第五，关于人力资本的外部性在经济增长中作用的研究。

王金营（2001）通过构建人力资本外部性模型和有效劳动模型，分析认为，考虑了人力资本的外部性以后，人力资本对经济增长的贡献作用变得越来越显著。魏下海和余玲铮（2009）从理论角度和实证角度分别对中国人力资本与经济增长的非线性关系进行探讨，研究认为人力资本溢出效应的发挥需要跨越门槛值。包玉香等（2010）通过对山东省的研究，验证了人力资本空间集聚、人力资本外部性与经济增长的关系。孟祥财和叶阿忠（2009）研究认为，人力资本的积累和知识溢出效应对稳态增长率有着较大影响。

通过对国内外学者关于人力资本与经济增长关系的研究探讨，可以发现随着研究的不断深入，人力资本理论获得了较快发展，特别是内生经济增长理论的形成，使得学者们对人力资本的分析更细致、更深入，把人力资本具体化、数量化，给人们在实践中正确认识经济增长中人力资本的作用提供了有力的工具和分析方法。但是，在实证研究过程中，不同的学者对人力资本的存量指标选取不同，或者采用不同的实证研究方法，往往会导致不同的结论。常用的指标是教育指标，这只是人力资本的一个方面，大多数研究都忽视了人力资本定义中的能力，难免会带来片面性。

三、人力资本解释区域经济差异研究

在解释中国区域经济差异问题的原因中，人力资本对中国区域经济差异的相关研究已经受到一定重视，已有学者通过研究得出，人力资本在地区分布中的差异是形成区域经济差异的一个主要原因，同时指出，教育投资在区域间的差异也是导致人力资本区域分布差异的重要原因。自20世纪60年代人力资本理论被提出以后，很多领域都用到了人力资本的概念。有许多学者试图从人力资本区域分布差异的角度解释区域经济差异的产生。现仅从人力资本的视角出发，对国内外人力资本对区域经济差异的相关研究进行解释。

（一）国外相关研究进展

内生经济增长理论和新古典增长理论都认为，劳动投入数量和物质资本存量的变动在短期内都会对经济增长率产生显著影响，而罗默（1986）和卢卡斯（1988）则认为在其他条件相同时，人力资本存量的差异会首先对TFP产生直接影响。据此，一些学者认为，人力资本差异是导致区域差异的主要原因。

　　尼尔森和费尔普斯（Nelson and Phelps，1966）基于追赶模型研究认为，人力资本是通过技术吸收、技术创新加速了技术扩散步伐，进而对经济增长起到较大的促进作用。因此，国家技术进步能力的人力资本存量的差异导致了国家间经济增长的差异。在新古典增长理论方面，曼昆、罗默和威尔（Mankiw，Romer and Weil，1992）指出了索洛模型存在的不足①，扩展了索洛模型，在原有索洛模型中将物质资本和人力资本同时纳入经济增长模型，允许跨国差异存在于人口增长率领域和投资领域，其研究认为，人力资本和物质资本可以解释跨国收入差异的78%以上。卢卡斯基于宇泽模型，通过借鉴罗默模型的处理方法，在经济增长模型中把人力资本作为一个独立要素纳入，解释了经济的持续增长。罗默（1990）的研究是基于其两时期模型存在的缺陷这一前提的。他将人力资本变量引入，继而构建了一个两部门模型，两部门模型表明，经济增长中人力资本是关键的影响因素，一个国家或地区人力资本水平越高，则其经济增长速度也就越快，因而能够对各国经济增长的差异进行很好的解释。

（二）国内研究进展

　　中国学者首先认识到了人力资本是解释区域经济差异的重要因素，蔡昉和都阳（2002）研究认为，人力资本是解释经济增长的动因之一，也经常被认为是地区经济增长差距的根源所在。葛小寒和陈凌（2010）基于 Lucas 模型，通过构建中国东、中、西部地区30个省（区、市）和8年的面板数据，研究认为，在区域经济增长中人力资本发挥了积极的促进作用，而且可以对地区间的经济差距提供部分解释。陈浩和薛声家（2004）研究认为，东部地区人力资本对经济增长的贡献率要低于西部地区；陈钊、陆铭和金煜（2004）估算了中国省际缺失年份的人力资本数据，研究认为各省区高等教育的发展在一定程度上缩小了省区间的收入差距；朱晓明（2005）通过对陕西和浙江两省的人力资本比较，发现由于资源转换能力和配置能力的差异，导致陕西省和浙江省经济增长水平存在差异。

　　关于人力资本与地区经济增长差异之间关系的考察，中国诸多学者也进行了大量研究。例如，张焕明（2005，2007）基于扩展的积累增长模型，采

---

　　①　主要是指没有正确预测储蓄和人口增长对收入影响的大小。

用了多因素的系统分析方法，分析认为中国地区间经济增长的路径存在着根本性差异。也有些学者对地区的教育比较关注，对地区教育不平等与区域经济增长之间的关系进行考察。燕安和黄武俊（2010）采用基尼系数对中国省际人力资本差异状况进行测算，研究认为人力资本的不平等在一定程度上阻碍了地区经济增长，在中、西部落后地区人力资本不平等对经济增长阻碍作用表现得更为明显。李亚玲和汪戎（2006）、杨俊和李雪松（2007）通过测算教育的基尼系数，也对该结论进行了很好的验证。

四、研究述评

本章首先对中国区域经济差异的存在性、变动趋势、形成原因的国内外研究进展进行了描述。其次从作用机制和互动关系的角度对经济增长与人力资本的研究进行了阐述，同时将国内外学者对人力资本如何解释区域经济差异的作用进行了详细分析，从中得出结论：中国的区域经济差异是存在的，改革开放以来的中国区域经济差异的变动趋势总体是扩大的，其形成原因是多方面的；人力资本对经济增长的作用机制较为复杂多变；人力资本对区域经济差异的形成具有很强的解释力。

区域经济差异的成因是复杂的，专门从人力资本传导机制的角度对区域经济差异进行分析的研究并不多见，即使大多数学者能够证实人力资本对促进经济增长有重要作用，但关于促进经济增长的作用机制仍存争议，于是难以准确界定人力资本对区域经济差异的解释作用，同时对人力资本的测度也存在很大不足，很多学者忽视了人力资本定义中的能力因素。上述争议均有待进一步研究。

第三章 区域经济差异与区域人力资本差异的事实

第一节 中国区域经济差异的演进轨迹

一、基本界定

（一）区域的界定

"区域"（region）作为一个概念，以抽象空间为对象，各个学科都有各自对区域的定义：地球表面的地域单元是地理学对区域的概念界定；政治学认为，"区域"是国家管理的行政单元；社会学认为，区域是一个人类社会的聚落，该聚落的人一般具有相同的语言、相同的信仰以及相同的民族特征。社会学界定的区域可以跨越政治学、地理学等对"区域"的定义。经济学意义上的区域，指的是一个综合的空间单元，该空间单元是以经济活动的一致性为标准划分的。在该空间单元范围内包含了对经济活动产生影响的自然、社会及文化等因素。

（二）区域单元的界定

在众多学者的研究中，地域单元的划分方法各异，这主要是由于学者们的研究目的各不相同。已有的划分方法主要有两类：其一是以省级行政单位作为基本的地域单元；其二是将全国划分为几个地域单元，具体做法是，将地理区位相似并且经济发展水平相近的省级单位归为一个地域单元。采用第一类地域单元划分方法的学者是以研究中国省际差异的现状与变动趋势为目的；

采用第二类地域单元划分方法的学者则是以研究不同区域间的经济增长差异为目的。本书在以中国省级行政单位作为基本地域单元的基础上，拟采取第二类地域单元的划分方法，选择最新的地域单元划分方法，即四大地带①法。为了数据的一致性和连贯性，我们将1997年才从四川省分离出去的重庆市重新纳入四川省。本书的分析仅限于中国31个省（区、市），中国香港、澳门、台湾地区均未纳入研究范畴。因此，本书选择的基本地域单元为31个省（区、市）。具体区域单元的分布如图3-1所示。

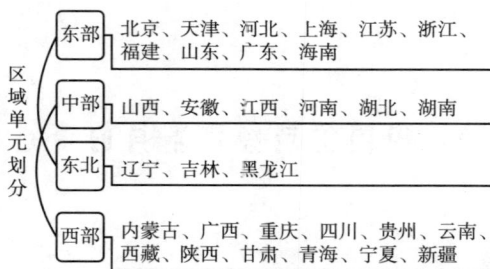

区域单元划分	东部	北京、天津、河北、上海、江苏、浙江、福建、山东、广东、海南
	中部	山西、安徽、江西、河南、湖北、湖南
	东北	辽宁、吉林、黑龙江
	西部	内蒙古、广西、重庆、四川、贵州、云南、西藏、陕西、甘肃、青海、宁夏、新疆

图3-1　中国各地域单元的分布情况

（三）时间区间的界定

中国政府政策变化较大的时期，一般在改革开放以前，因而冲击了中国各区域的经济发展状况。同时，由于统计工作的不足，导致相关统计数据缺乏，所以本书进行分析的时间区间选择统计数据比较齐全的1978~2011年，即改革开放以后的34年。

二、测度指标及数据说明

（一）测度指标

本书选取人均GDP作为区域经济差异的衡量指标，为研究区域经济增长

---

① 为能够科学地反映我国不同区域的社会经济发展状况，从而为党中央、国务院制定区域发展政策提供依据，根据中共中央、国务院《关于促进中部地区崛起的若干意见》和《关于西部大开发若干政策措施的实施意见》以及党的十七大报告精神，国家统计局于2011年6月13日将中国经济区域划分为东部、中部、西部和东北四大地带。四大地带指的是：东部（京、津、冀、鲁、苏、沪、浙、闽、粤、琼）、中部（皖、赣、豫、鄂、湘、晋）、西部（蒙、桂、滇、陕、甘、青、宁、新、川、渝、贵、藏）和东北（辽、吉、黑）四大地区。

差异的成因及对策提供数据支持。

关于地区经济差异的测度方法主要有统计指标法、趋同回归分析法和分布动态法（杨文举，2006），从已有的研究来看，使用较为普遍的方法是统计指标法，我们拟采用该方法。该方法中的主要测度指标有绝对指标和相对指标，为了测算结果的互相验证，本书选择绝对指标加权标准差和相对指标加权变异系数、加权基尼系数、泰尔指数。

1. 加权标准差

加权标准差（the weighted standard deviation）指的是以人口比重为权重的方差的算术平方根，其具体计算公式为：

$$SD = \sqrt{\frac{1}{p}\sum_{i=1}^{N}(y_i - \bar{y})^2 p_i} \qquad (3-1)$$

其中，N 表示地区数，若用人均 GDP 作为经济指标，y_i 表示第 i 个地区的人均 GDP，其中 $i = 1, 2, \cdots, N$。$\bar{y}$ 为用各地区的人口数对 y_i 加权平均得到的样本总体人均 GDP，即 $\bar{y} = \sum_{i=1}^{N}\frac{y_i p_i}{p}$，$p_i$ 为地区 i 的人口数，$p = \sum_{i=1}^{N} p_i$ 为样本总体人口总数。

加权标准差越大，意味着地区差距越大；反之则意味着地区差距越小。

2. 加权变异系数

加权变异系数（weighted coefficient of variation）是由样本的加权标准差除以样本的均值得到的，也称加权标准差系数。其具体计算公式为：

$$V = \frac{1}{\bar{y}}\sqrt{\sum_{i=1}^{N}\left[\frac{p_i}{p}(y_i - \bar{y})^2\right]} \qquad (3-2)$$

其中，符号含义同式 3-1，加权变异系数越大，地区差距越大；反之则意味着地区差距越小。

3. 加权基尼系数

加权基尼系数（weighted Gini Coefficient）是以人口比重为权重的基尼系数。其具体计算公式如下：

$$G = \left(\frac{1}{2\bar{y}}\right)\sum_{i=1}^{N}\sum_{j=1}^{N}|y_i - y_j|\cdot\frac{p_i p_j}{p^2} \qquad (3-3)$$

其中，y_i、y_j 分别表示地区 i 和 j 的人均 GDP，且 $y_i = \dfrac{Y_i}{p_i}$，$y_j = \dfrac{Y_j}{p_j}$（Y_i、Y_j 分别是地区 i 和 j 的 GDP 总量；p_i、p_j 分别为地区 i 和 j 的人口数）；$p = \sum\limits_{i=1}^{N} p_i$，

为样本总体 N 个地区的总人口数；$\bar{y} = \dfrac{\sum\limits_{i=1}^{N} Y_i}{p}$，表示样本总体的人均 GDP。

加权基尼系数越大，则意味着地区差距越大；反之则意味着地区差距越小。

4. 泰尔指数

泰尔指数（Theil index）与基尼系数相似，是反映区域差异的重要指标。其计算式如下：

$$GE(1) = \frac{1}{n} \sum_{i=1}^{n} \frac{y_i}{\bar{y}} \log \frac{y_i}{\bar{y}}, 0 \leqslant GE(1) \leqslant \log n \qquad (3-4)$$

泰尔指数越大，表明地区差距越大；反之，则表明地区差距越小。

加权变异系数、加权基尼系数和泰尔指数都是测度区域经济差距的相对指标，加权变异系数可以比较直观地反映地区差距的趋势，但反映的信息量较少，加权的基尼系数具有简单明确的特点，大于零小于 1 是其取值的范围。泰尔指数是一个满足可分性、均值独立性、人口大小独立性、庇古—达尔顿转移原理等多项条件[①]的指标，因此，其拥有一个最大的特点，就是具有可分解性，在对地区差距进行测度的同时，可以将地区差距分解为组内差距和组间差距两部分，甚至在数据可获得的前提下，可以进行多级嵌套（鲁凤，2005）。举例来说，假定将一个经济体所有地区分为 k 组，$k = 1, 2, \cdots, m$，每一组中有 n 个个体，则经过分解的泰尔指数公式为：

$$GE(1) = T_W + T_B = \sum_{k=1}^{m} \left[\frac{n_k}{n} \frac{\bar{y}_k}{\bar{y}} \right] GE(1)_k + \sum_{k=1}^{m} \frac{n_k}{n} \left(\frac{\bar{y}_k}{\bar{y}} \right) \log \left(\frac{\bar{y}_k}{\bar{y}} \right)$$

$$(3-5)$$

----

① 可分性是指所测度的不平等可以被分解为组内不平等和组间不平等；均值独立性是指，如果每个区域的收入以相同的比例发生变化的话，所测度的不平等将不会发生变化；人口大小独立性是指，如果每个区域的人口以相同比例发生变化的话，所测度的不平等将不会发生变化；庇古—达尔顿转移原理是指，虽然从相对富裕地区到相对贫穷地区的收入转移大小处于不会使各区域在收入排序中的相对位置反向的范围之内，但是这却会降低不平等程度的大小。

其中，T_W 表示的是组内差距，T_B 表示的是组间差距。n_k 为第 k 组包含的地区数量，$\bar{y}_k$ 为第 k 组平均的收入或产出水平，$GE(1)_k$ 为第 k 组地区内部泰尔指数。

（二）数据说明

在需要进行时间序列比较的情况下，本书以 1978 年为基期，在地区生产总值指数的数据基础上对各地区的地区生产总值进行消胀处理，从而使地区差异的比较更具合理性。各省区的人口数据选用年末人口总数来表示，各地区实际人均 GDP＝消胀后的地区生产总值/年末人口总数。以上数据均来源于《新中国 60 年统计资料汇编》（2009）、《中国统计年鉴》（1979～2012）、各省（区、市）统计年鉴资料。

三、中国区域经济差异的演进轨迹

根据前面所述区域经济差异的测度指标的计算方法，本书的基本地域单元为省级行政单位。以此为基础，实际人均 GDP 的省际差异可以用上述指标进行测度，测度结果为我们提供了绘制实际人均 GDP 的省际差异图的数据基础，如图 3－2 所示，进而直观地反映了中国区域经济差异的演进特征。

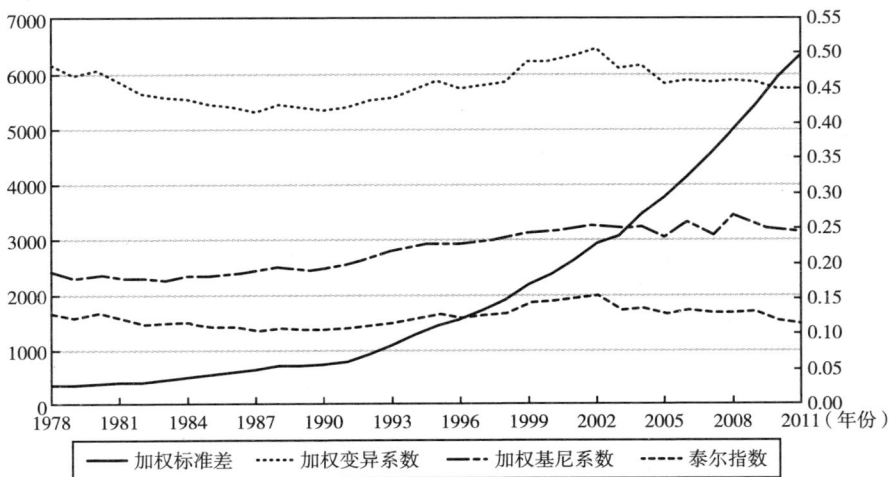

图 3－2　实际人均 GDP 的省际差异

图 3－2 显示，作为体现省际差异的绝对指标，实际人均 GDP 的加权标准差呈逐年上升的趋势，表明中国实际人均 GDP 的省际绝对差异在改革开放

以来呈不断扩大的趋势，但在整个时间单元内，中国区域经济差异的上升幅度有大也有小，其中，1978～1990 年间的差异属于上升幅度较小的时期，1990 年以后的差异属于上升幅度较大的时期，整条曲线表现出中国区域经济差异变化的阶段性特征。

胡鞍钢在 1995 年的研究及武剑在 2002 年的研究均得出和本书一样的结论。另外，从加权变异系数、泰尔指数以及加权变异系数等相对指标的角度来看，各个指标的曲线特征是相似的，均表现出了区域经济差异变动的波动性。特别地，泰尔指数曲线的变动趋势与加权变异系数曲线的变动趋势几乎完全一致，二者均表现出阶段性特征，1978～1990 年均呈波动状下降趋势，1991 年以后均呈现出锯齿形上升特征。其中，泰尔指数的数值最小，加权基尼系数趋势最为平缓。多种指标得出的结果比较类似，据此，本书认为，中国的省际经济差异是呈波动状扩大的。

四、中国区域经济差异的空间分解

为考察中国区域经济差异的空间来源，本部分利用泰尔指数的可分解特性，将中国 30 个省（区、市）人均 GDP 的总体差异分解为四大地区各自内部差异和四大地区两两区域之间的差异。假如总体差异用 100% 来表示，通过空间分解，将总体差异分解为五种不同差异，并测算各自对总体差异的贡献度。

式（3 - 5）是中国区域经济总体差异进行泰尔指数分解的公式基础，根据计算结果，得到 1978～2011 年中国省际人均 GDP 的泰尔指数及其分解情况，如图 3 - 3 所示。

图 3 - 3 显示，1978～1990 年，东部、中部地区内部人均 GDP 的省际差异均呈下降趋势，东部下降更明显，1990 年以后相对稳定；1978～2011 年，东北地区内部人均 GDP 的省际差异呈波浪状变动，但整体处于一定的范围内；西部地区内部人均 GDP 的省际差异在 1978～2000 年间相对平稳，从曲线特征来看，大约在 2000 年以后，西部内部人均 GDP 的省际差异出现小幅度的上升趋势；四大地区间人均 GDP 的区域差异在 1990～2002 年呈现出阶段性快速上升的趋势，2002 年以后区域差异下降的趋势开始显现。据图 3 - 3 分析可得，是各个区域内部特别是东部内部区域差异的缩小带动了 1978～1990 年间中国区域经济总体差异水平的下降，1990 年以后中国区域经济总体差异上升的根本原因在于四大地区之间差异的迅速扩大。另外，东部地区内

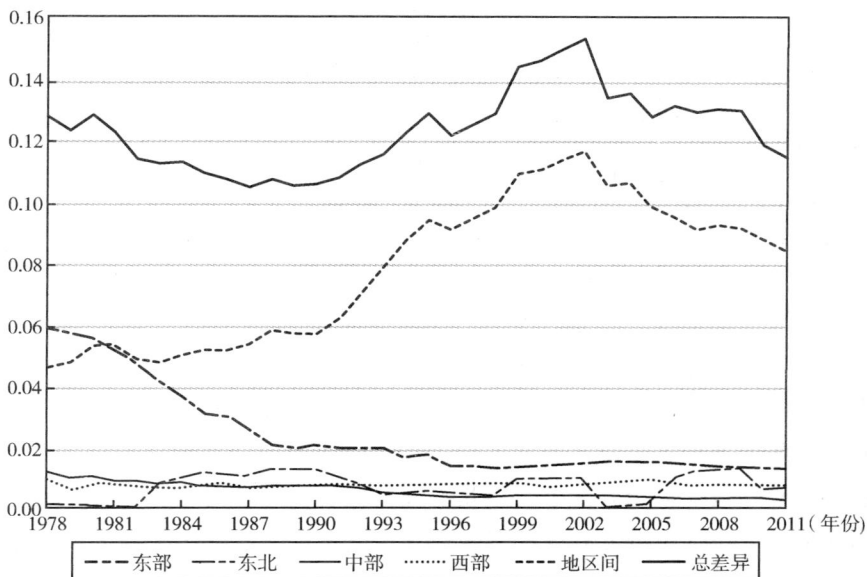

图 3 - 3　1978 ~ 2011 年中国省际人均 GDP 的泰尔指数及其分解

部人均 GDP 的差异大于其他三个地区内部人均 GDP 的差异。这表明，东部地区内部的经济发展不平衡也非常显著。本书考察了四大地区内部及之间的经济差异对全国总体区域经济差异的贡献率情况，如图 3 - 4 所示。

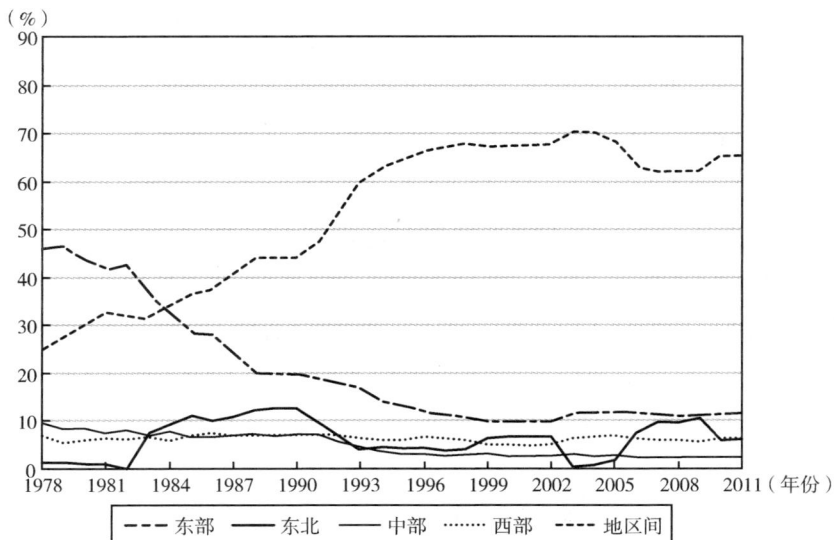

图 3 - 4　四大地区内部及之间的经济差异对全国总体区域经济差异的贡献率

图 3 - 4 显示，东部地区内部人均 GDP 的差异对全国总体差异的贡献率快速下降；东北地区内部人均 GDP 的差异对全国总体差异的贡献率呈现波动态势；中部地区内部的人均 GDP 差异对全国总体差异的贡献率也表现为下降态势，但与东部相比，不显著；西部地区内部的人均 GDP 差异对全国总体差异的贡献率呈小幅度波动状态，相对稳定；四区域间的人均 GDP 差异对区域经济总体差异的贡献率在 1978 ~ 2003 年快速上升，2004 ~ 2009 年有所回落，2010 ~ 2011 年又有所回升，但幅度不大，总体而言，2004 ~ 2011 年属于轻微波动状态。

图 3 - 4 表明，中国四大区域之间的差异对中国区域经济总体差异的贡献最大；其次是东部地区内部差异；与东部相比，其余区域中的各省级行政单位间的经济发展水平相对均衡，因此，其余区域内的经济差异对中国区域经济总体差异的贡献率相对较小。据此，我们认为，1990 年以来，是东部与其他内陆地区之间的经济差异促使中国省际经济差异的日益扩大。

到底哪两个区域间的经济差异更大？通过对《中国统计年鉴》中的中国30 个省（区、市）的国内生产总值、人均国内生产总值进行排序比较发现，在上述两项指标中排名靠前的多属于东部，排名靠后的多属于西部，由此推断，中国区域经济的区域间差异以东、西部差异最为突出。因此，为实现中国区域经济的协调发展，主要是要采取有效措施缩小区域间的经济差异，主要的任务是：采取有效措施逐步缩小各区域之间的经济发展差异，尤其是东、西部地区之间的经济差异。

第二节　中国东、西部经济差异的事实

中国当前迫切需要缩小东、西部之间的经济差异，考虑到具体分析的便利性和直观性，选择东部沿海发达地区的浙江省和西部内陆欠发达地区的甘肃省作为区域研究的样本，具体了解东、西部区域之间经济差异的事实。

一、经济发展总体特征的差异

（一）浙江省经济发展的总体特征

浙江省属于中国东南沿海省份，分别与长江三角洲、江苏、上海、安徽、江西、福建等省（市）相邻，占中国土地面积的 1.05%，仅为 10.20 平方千米。

浙江省具有丰富的地理特征，山河湖海无所不有，因而海洋资源丰富，有"中国鱼仓"的美称。浙江气候宜人，各种景观俱全，矿产资源丰富，森林面积广阔，动植物种类繁多，被誉为"东南植物宝库"。

（二）甘肃省经济发展的总体特征

甘肃省属于中国西北黄河上游的省份，与陕西、青海、新疆、内蒙古、宁夏为邻，大部分位于中国地势二级阶梯上，是古代交通要道。甘肃省拥有山地、高原、平川、河谷、沙漠、戈壁等复杂的地貌特征，具有东西距离长、南北距离短的地形特征，占全国土地面积的 4.69%，达到 45.44 万平方千米。

甘肃省矿产资源和能源相对较丰富，矿业开发是其重要经济支柱；气候干燥，带来很多可再生利用的气候资源，例：光能、风力能等；气象灾害危害重，昼夜气温温差较大，光照充足，太阳辐射强，降水较少，且各季分配不均。

二、各经济指标体现的差异

选取多个经济指标可以对浙江、甘肃间经济差异的现状进行全面描述，这些指标主要有：经济增长指标、政府财政能力指标、对外贸易质保、企业经营绩效指标以及人民生活水平指标。其中，经济增长指标用 GDP 总量、人均 GDP 和人均 GDP 增长率来表示，政府财政能力指标用财政收入来表示，企业经营绩效指标用国有及规模以上非国有工业企业的资产和利润来衡量，对外贸易指标用进出口额来表示，人民生活水平指标用农村居民家庭人均纯收入和城镇居民家庭人均可支配收入来表示。

（一）GDP 总量的差异

根据《中国统计年鉴》（1979），1978 年甘肃的地区生产总值总量为64.73 亿元，在全国位列第 24 位，同期浙江为 123.72 亿元，在全国位列第12 位，两地区的 GDP 总量差额为 58.99 亿元，浙江为甘肃的 1.91 倍。到

2011 年，甘肃的 GDP 总量为 5020.37 亿元，在全国位列第 25 位，同期浙江为 32318.85 亿元，在全国位列第 3 位，两地区的 GDP 总量差额为 27298.48 亿元，浙江为甘肃的 6.44 倍。同时，从 1978 ~ 2011 年甘肃与浙江 GDP 总量的增长趋势来看，浙江明显快于甘肃，而且两地区之间的 GDP 总量差额也成增长趋势，如图 3 – 5 所示。

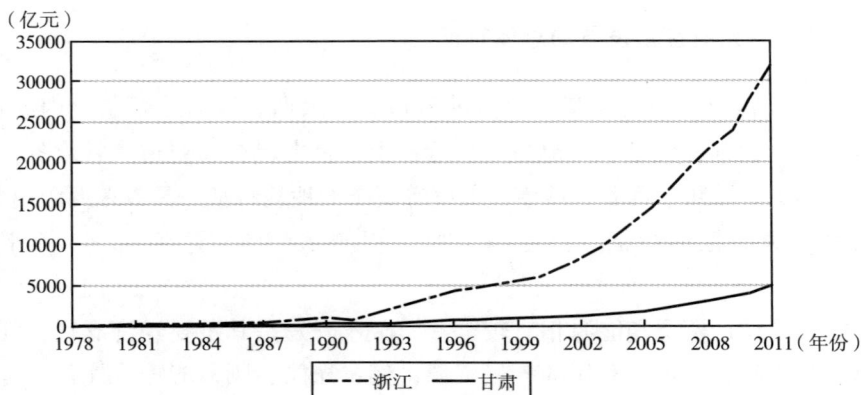

图 3 – 5　1978 ~ 2011 年浙江与甘肃 GDP 总量比较

（二）人均 GDP 及其增长速度的差异

根据《中国统计年鉴》（1978 ~ 2012）相关数据计算整理，改革开放 34 年来，甘肃省的人均 GDP 在 1978 年的时候还高出浙江省 16.30 元/人，但从 1979 年开始，浙江的实际人均 GDP 超过甘肃省，并将这一优势一直保持至今，且绝对差额已经到达 2011 年的 48015.35 元/人，相对差额由 1978 年的 0.95 倍扩大至 2011 年的 3.45 倍，其中 2003 年的相对差额最大，为 3.86 倍。可见，欠发达地区的甘肃与沿海地区的浙江存在人均 GDP 水平的巨大差异，且这种差异愈益显著，如图 3 – 6 所示。

根据《中国统计年鉴》（1978 ~ 2012）相关数据，计算浙江省和甘肃省 1979 ~ 2011 年的人均 GDP 增长率，绘制图 3 – 7，比较浙江与甘肃两省人均 GDP 的增长率差异。分析图 3 – 7 发现，浙江的经济增长率在 1979 ~ 2004 年间几乎都保持着领先的态势，2004 年以后，两省间的经济增长率差异缩小，甚至 2010 年以后，甘肃的人均 GDP 增长率超过了浙江。这表明，甘肃的人均 GDP 增长在近年才刚出现强劲态势，由于累积性原因，两省之间的人均

（元）

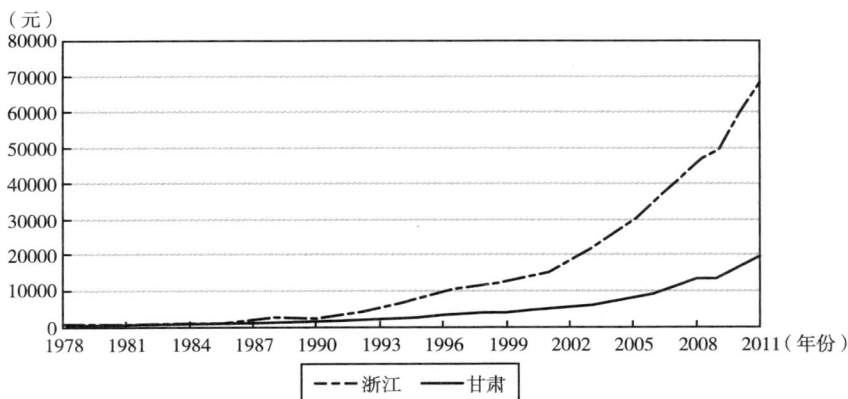

图 3 – 6　1978～2011 年浙江与甘肃人均 GDP 比较

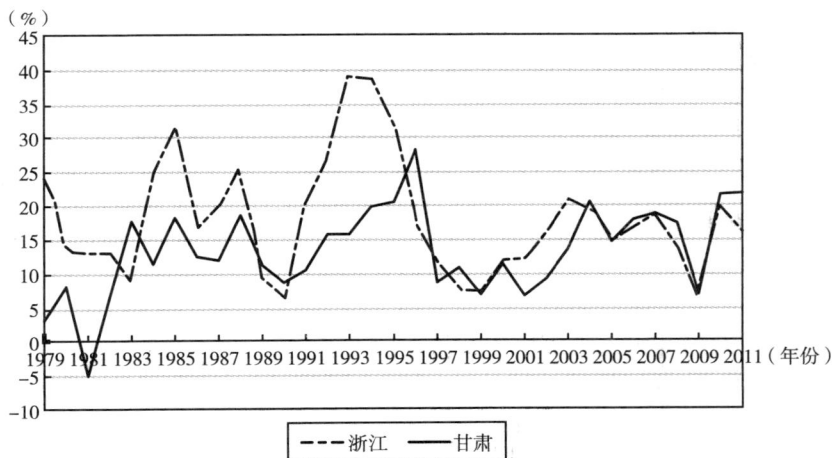

图 3 – 7　浙江与甘肃人均 GDP 增长率变化对比

GDP 的绝对差异和相对差异依然显著，甘肃省需要进一步加快人均 GDP 的增长速度，才有可能缩小两省间人均 GDP 的绝对和相对差异。

（三）政府财政能力差异

　　政府财政能力的大小可以由政府财政收入的多寡来表征。地处欠发达地区的甘肃省与地处沿海发达地区的浙江省相比，财政收入相对要少得多，见表 3 – 1。改革开放之初，浙江与甘肃的财政总收入分别为 27.45 亿元和 20.53 亿元，两地区的绝对差为 6.92 亿元；到了 2011 年，两个地区财政总收

入分别为 3150.80 亿元和 450.12 亿元，此时，两地之间的绝对差已扩大到
2700.68 亿元。此外，两地之间财政收入的相对差距也从 1978 年的 1.34 倍不
断增加，到 2006 年达到相对差的峰值为 9.19 倍，之后相对差距开始缩小，
但依然存在很大的差距，截至 2011 年，该相对差距仍处在 7.0 倍的高位。

表 3-1　　　　　　　　1978～2011 年浙江与甘肃财政收入比较

年份	浙江（亿元）	甘肃（亿元）	二者绝对差（亿元）	相对差（%）
1978	27.45	20.53	6.92	133.72
1979	25.87	18.46	7.41	140.14
1980	31.13	14.93	16.20	208.44
1981	34.34	12.99	21.35	264.44
1982	36.64	12.47	24.17	293.79
1983	41.79	10.90	30.89	383.38
1984	46.67	13.23	33.44	352.66
1985	58.25	16.38	41.87	355.59
1986	68.61	19.76	48.85	347.16
1987	76.36	22.58	53.78	338.13
1988	85.55	24.98	60.57	342.49
1989	97.47	31.52	65.95	309.19
1990	100.02	34.21	65.81	292.40
1991	110.30	37.89	72.41	291.11
1992	118.36	39.97	78.39	296.10
1993	166.64	52.11	114.53	319.77
1994	94.63	29.08	65.55	325.42
1995	116.82	33.92	82.90	344.39
1996	139.63	43.37	96.26	321.93
1997	157.33	49.41	107.92	318.41
1998	198.10	54.03	144.07	366.68
1999	245.47	58.37	187.10	420.54
2000	342.77	61.23	281.49	559.35
2001	418.00	69.95	348.05	597.57
2002	566.85	76.24	490.61	743.51

续表

年份	浙江（亿元）	甘肃（亿元）	二者绝对差（亿元）	相对差（%）
2003	706.56	87.66	618.90	806.02
2004	900.99	104.16	796.83	865.01
2005	1066.60	123.50	943.10	863.63
2006	1298.20	141.22	1156.98	919.31
2007	1649.50	190.91	1458.59	864.02
2008	1933.39	264.97	1668.43	729.68
2009	2142.51	286.59	1855.92	747.59
2010	2608.47	353.58	2254.89	737.73
2011	3150.80	450.12	2700.68	699.99

注：相对差距为浙江财政收入除以甘肃财政收入。

资料来源：根据《新中国六十年统计资料汇编》（2009）和《中国统计年鉴》（2010～2012）整理计算得到。

（四）企业经营绩效差异

为了便于量化分析，以国有及规模以上非国有工业企业的资产和利润作为衡量标准，比较浙江省与甘肃省企业经营绩效的差距，见表3-2。

表3-2　　　　　　　国有及规模以上非国有工业企业资产利润比较

年份	资产				利润			
	浙江（亿元）	甘肃（亿元）	绝对差（亿元）	相对差（倍）	浙江（亿元）	甘肃（亿元）	绝对差（亿元）	相对差（倍）
1998	5645.40	1646.00	3999.40	3.43	58.20	-16.10	74.30	—
1999	6415.80	1851.60	4564.20	3.47	251.20	-0.50	251.70	—
2000	7008.09	1758.37	5249.72	3.99	353.44	10.35	343.09	34.15
2001	8015.87	1901.69	6114.18	4.22	459.51	7.68	451.83	59.83
2002	9637.31	2037.67	7599.64	4.73	606.11	20.91	585.20	28.99
2003	12526.66	2191.88	10334.78	5.72	793.63	30.35	763.28	26.15
2004	17202.47	2476.88	14725.59	6.95	999.73	57.46	942.27	17.40
2005	20609.30	2483.04	18126.26	8.30	1103.53	59.65	1043.88	18.50
2006	24895.59	3211.31	21684.28	7.75	1375.49	106.70	1268.79	12.89

续表

年份	资产				利润			
	浙江 (亿元)	甘肃 (亿元)	绝对差 (亿元)	相对差 (倍)	浙江 (亿元)	甘肃 (亿元)	绝对差 (亿元)	相对差 (倍)
2007	30581.98	3712.44	26869.54	8.24	1775.47	214.78	1560.69	8.27
2008	35550.76	4497.49	31053.27	7.90	1634.20	109.46	1524.74	14.93
2009	39752.79	5290.54	34462.25	7.51	2115.65	169.10	1946.55	12.51
2010	47282.79	6487.35	40795.44	7.29	3174.75	231.51	2943.24	13.71
2011	50663.58	7665.01	42998.57	6.61	3320.45	268.10	3052.35	12.39

注：相关数据不全，所以只列举了1998年以来的数据。

资料来源：根据《新中国六十年统计资料汇编》(2009)、《中国统计年鉴》(1999~2012) 整理计算得到。

表3-2显示，1998年以来浙江和甘肃两个地区国有及规模以上非国有工业企业的资产和利润总体而言是上升的，浙江的资产由1998年的5645.40亿元上升到2011年的50663.58亿元，甘肃由1646.00亿元上升到7665.01亿元。在利润方面，浙江由58.20亿元上升到3320.45亿元，甘肃由-16.10亿元上升到268.10亿元。13年以来，两个地区资产绝对差从3999.40亿元增加到42998.57亿元，扩大了近10.75倍；企业利润绝对差从74.30亿元增加到3052.35亿元，扩大了近41.08倍。另外，无论是资产还是利润，两省间相对差距也很明显。

（五）对外贸易状况差异

自给自足的传统经济，对位于中国西北内陆的甘肃省影响深远，使得其对外贸易发展较为缓慢，而地处东部沿海的浙江省具有天然的对外贸易优势。

表3-3显示，首先，浙江省与甘肃省在进口方面存在差异，在1978年，浙江的进口额为0.18亿美元，甘肃省则尚无进口；截至2011年，浙江省的进口额攀升到930.28亿美元，甘肃省的进口额则仅为65.65亿美元。其次，浙江省与甘肃省在出口方面存在差异，浙江省的出口额由1978年的0.52亿美元升至2011年的2163.49亿美元，增加为原来的4160.56倍；而甘肃省则由0.35亿美元升至21.85亿美元，仅增加为原来的62.43倍。这表明，甘肃省与浙江省在对外贸易的进、出口方面均存在巨大差异，且该差异有不断扩大的趋势。

表 3 – 3 **1978 ~ 2011 年浙江与甘肃对外贸易情况比较** 单位：亿美元

年份	浙江		甘肃	
	出口	进口	出口	进口
1978	0. 52	0. 18	0. 35	—
1979	0. 91	0. 17	0. 40	—
1980	2. 43	0. 18	0. 39	—
1981	4. 41	0. 33	0. 43	0. 08
1982	5. 57	0. 31	0. 43	0. 07
1983	6. 52	0. 26	0. 46	0. 11
1984	7. 37	0. 55	0. 46	0. 21
1985	9. 38	1. 86	0. 71	0. 29
1986	10. 91	2. 02	1. 01	0. 35
1987	12. 34	2. 66	1. 27	0. 28
1988	14. 90	4. 96	1. 52	0. 14
1989	18. 72	6. 42	1. 53	0. 33
1990	21. 89	5. 85	1. 86	0. 16
1991	29. 06	9. 44	2. 53	0. 24
1992	35. 71	14. 28	3. 52	0. 64
1993	43. 23	24. 10	2. 83	2. 01
1994	60. 87	29. 05	3. 73	1. 36
1995	76. 98	38. 14	2. 20	0. 85
1996	80. 41	45. 00	2. 68	2. 04
1997	101. 11	41. 66	3. 78	1. 34
1998	108. 66	39. 88	3. 53	1. 03
1999	128. 71	54. 34	3. 17	0. 89
2000	194. 43	83. 90	4. 15	1. 55
2001	229. 77	98. 22	4. 76	3. 03
2002	294. 11	125. 45	5. 49	3. 28
2003	415. 95	198. 16	8. 77	4. 50
2004	581. 46	270. 67	9. 96	7. 67
2005	768. 04	305. 88	10. 91	15. 40
2006	1008. 94	382. 53	15. 09	23. 15
2007	1282. 73	485. 83	16. 59	38. 37

年份	浙江		甘肃	
	出口	进口	出口	进口
2008	1542.67	568.42	16.02	44.91
2009	1330.10	547.25	7.36	31.26
2010	1804.65	730.68	16.38	57.32
2011	2163.49	930.28	21.85	65.65

资料来源：根据《新中国六十年统计资料汇编》（2009）、《浙江统计年鉴》（2010～2012）、《甘肃发展年鉴》（2010～2012）整理计算得到。

（六）人民生活水平差异

运用《新中国六十年统计资料汇编》（2009）、《中国统计年鉴》（1978～2012）中的原始数据资料，采用农村消费价格指数和城市消费价格指数进行计算整理（使数据均为 1978 年可比价），得到浙江省和甘肃省1978～2011 年的农村居民家庭平均每人纯收入，城镇居民平均每人全年家庭可支配收入。以上述数据为基础绘制图 3 - 8。

图 3 - 8 显示，中国经济转型期，甘肃与浙江的人民生活水平（城镇、农村均包含在内）均有较大幅度提高，但浙江人民生活水平要远高于甘肃。

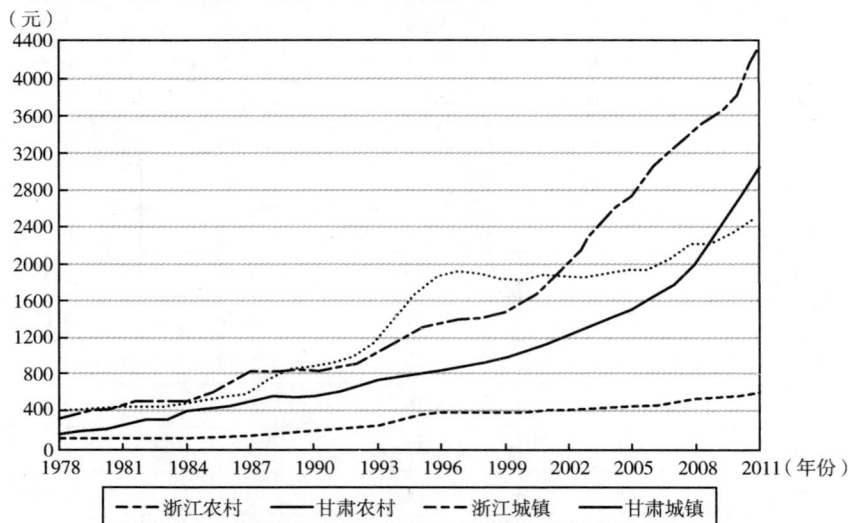

图 3 - 8 1978～2011 年浙江与甘肃居民家庭人均纯收入（可支配收入）比较

按照计算所得数据，1978 年甘肃的城镇居民平均每人全年家庭可支配收入为 408 元，2011 年增加到 2465.1 元，净增 2057.1 元，增幅为 504%；而 2011 年浙江的城镇比 1978 年增加了 4037.5 元，增幅为 1216%。甘肃的农村居民家庭平均每人纯收入与浙江相比差距更加明显，1978～2011 年 34 年间浙江的农村增加了 2854.8 元；而甘肃的农村仅增加了 498.1 元，相当于浙江的 17%。

通过对 GDP 总量、人均 GDP 及其增长速度、政府财政能力、企业经营绩效、对外贸易及人民生活水平等六个方面的对比分析，我们发现，1978 年开始实施改革开放至今，尤其是在 2000 年初，西部大开发政策实施后，甘肃省的经济虽然有了较快发展，在发展速度和质量上都有所提高，但是，发展速度却明显低于地处东部沿海的浙江省，导致甘肃省与浙江省经济发展的绝对差距和相对差距均有进一步扩大的趋势。这就明确提示我们，解决中国东、西部地区经济发展差距问题，仅仅依靠中央政府的政策倾斜是不够的。虽然甘肃省与浙江省存在着地理区位的差异，但这并不是造成上述两个地区间经济差异的主要原因，区域经济差异是由多方面的差异构成的综合发展差异。

中国目前的情况表明，地区发展不平衡，特别是东、西部地区间发展极度不平衡，对中国现代化建设目标的实现产生了巨大的阻碍，不利于国家生产力的合理布局以及区域经济的协调发展。早在 2004 年 3 月 5 日温家宝总理的《政府工作报告》中就通篇贯穿了科学发展观以及"统筹城乡发展、统筹区域发展"等"五个统筹"的新指导思想。该报告标志着邓小平同志在改革开放初期倡导的"先富论"正在逐步转为其所倡导的"共同富裕"，表明中国进入了全面建设小康社会，进而实现现代化的新阶段。而要实现共同富裕的全面小康社会目标，关键就在于加快中西部地区，特别是西部欠发达地区的发展。中国全面建设小康社会的重点和难点都在西部，只有西部地区发展起来，才能真正解决"发展不平衡"的问题，实现建设全面小康社会的宏伟目标。

第三节 中国东、西部人力资本差异的事实

关于中国东部、西部之间人力资本差异的事实，样本区域依然选用浙江省和甘肃省。

一、人力资本载体的东、西部差异

基于人力资本的概念及其特性，人力资本的存在以其载体的存在为前提条件，因此，人力资本的区域差异，首先就是人力资本载体的区域差异。

（一）人力资本载体数量的差异

人口是任何一个地区、社会经济发展不可或缺的、具有主观能动性的基础性因素。人口的规模越大，能够投入经济过程促进经济增长的劳动者越多。毋庸置疑，具有生命的人是人力资本的载体，这一载体有潜在和显在之分。人口是人力资本的潜在载体，投入经济过程参与价值创造的是就业者，就业者是人力资本的显在载体。人口的数量在一定程度上决定了就业者的数量，因此，人力资本载体数量的差异要从两个方面来描述：其一，人力资本潜在载体的数量差异；其二，人力资本显在载体的数量差异。

1. 人力资本潜在载体的数量差异

自古以来，中国的传统文化中就包含了"多子多福""人多力量大"等观点，因此，中国在历史上就是一个人口大国，即便1978年以来，中国实施了计划生育的基本国策，中国以及各行政区域内的人口总量也一直保持上升的态势，见表3-4。

表3-4　　　　浙江、甘肃人口总量情况对比　　　　单位：万人

年份	中国	浙江	甘肃
1978	96259	3751	1870
1979	97542	3793	1894
1980	98705	3827	1918
1981	100072	3872	1941
1982	101654	3924	1975
1983	103008	3963	2000
1984	104357	3993	2026
1985	105851	4030	2053
1986	107507	4070	2085
1987	109300	4121	2116

续表

年份	中国	浙江	甘肃
1988	111026	4170	2148
1989	112704	4209	2185
1990	114333	4235	2255
1991	115823	4261	2285
1992	117171	4286	2314
1993	118517	4313	2345
1994	119850	4341	2387
1995	121121	4370	2438
1996	122389	4400	2467
1997	123626	4422	2494
1998	124761	4447	2519
1999	125786	4467	2543
2000	126743	4501	2515
2001	127627	4520	2523
2002	128453	4536	2531
2003	129227	4552	2537
2004	129988	4577	2541
2005	130756	4602	2545
2006	131448	4629	2547
2007	132129	4659	2548
2008	132802	4688	2551
2009	133450	4716	2555
2010	134091	4748	2560
2011	134735	4781	2564

资料来源：根据《新中国六十年统计资料汇编》（2009）、《中国统计年鉴》（2012）、《浙江统计年鉴》（2012）、《甘肃发展年鉴》（2012）整理得到。

表3-4显示，在改革开放以来的中国经济转型期内，中国人口总量从1978年的96259万人增加到2011年的134735万人，增长了39.97%，年均增长10.24%；浙江省的人口总量从1978年的3751万人增加到2011年的4781万人，增长了27.46%，年均增长7.38%；甘肃省的人口总量从1978年的1870万人增加到2011年的2564万人，增长了37.11%，年均增长9.61%。

表 3-4 中，显示了一条信息，即在中国的改革开放之初，浙江省的人口基数就比甘肃省要大得多，（显而易见，1978 年，浙江省人口总量是甘肃省人口总量的 2.01 倍），虽然 1978~2011 年浙江省的人口增长率及年均增长率相对都较低，但到 2011 年，浙江省的人口规模依然较大，是甘肃省人口总量的 1.86 倍。

与甘肃省相比，浙江省的人口规模本就具有先天优势，即便近些年来，甘肃省的人口总数增长率及年均增长率均略高于浙江省，浙江省的人口规模依然保持着优势，人力资本的潜在载体数量充足，具有强大的人力资本数量优势。

2. 人力资本显在载体的数量差异

投入经济过程参与价值创造的人口，即为就业者。就业者是人力资本的显在载体，其数量越多，投入经济活动中的人力资本就越多，对经济增长的贡献就越大。本书对浙江省与甘肃省的就业人员总量进行对比分析，判断两地区之间人力资本显在载体的数量差异，见表 3-5。

表 3-5　　　　　　　　　浙江、甘肃就业人员总量情况对比　　　　　　单位：万人

年份	中国	浙江	甘肃
1978	40152	1795	694
1979	41024	1830	713
1980	42361	1856	796
1981	43725	1954	842
1982	45295	2022	870
1983	46436	2141	994
1984	48197	2249	1047
1985	49873	2319	1081
1986	51282	2386	1099
1987	52783	2445	1140
1988	54334	2503	1179
1989	55329	2523	1214
1990	64749	2554	1292
1991	65491	2579	1302
1992	66152	2600	1306

续表

年份	中国	浙江	甘肃
1993	66808	2616	1418
1994	67455	2641	1439
1995	68065	2621	1483
1996	68950	2625	1521
1997	69820	2620	1530
1998	70637	2613	1540
1999	71394	2625	1489
2000	72085	2726	1476
2001	72797	2797	1489
2002	73280	2859	1501
2003	73736	2919	1511
2004	74264	2992	1520
2005	74647	3101	1391
2006	74978	3172	1401
2007	75321	3405	1415
2008	75564	3487	1446
2009	75828	3592	1489
2010	76105	3636	1500
2011	76420	3674	1500

资料来源:《浙江统计年鉴》(2012)、《甘肃发展年鉴》(2012)。

表3-5显示,中国就业人员数从1978年的40152万人增加到2011年的76420万人,增加了36268万人,增长率为90.33%;浙江省就业人员数从1978年的1795万人增加到2011年的3674万人,增加了1879万人,增长率为104.68%;甘肃省从1978年的694万人增加到2011年的1500万人,增加了806万人,增长率为116.14%。

与甘肃省相比,浙江省的就业人员基数比较大,在改革开放之初,浙江省与甘肃省的就业人员数之比为2.59∶1,这与人口基数有着密不可分的联系,虽然近些年来,甘肃省的人口增长率以及就业人员增长都略高于浙江省,但由于巨大的基数差异使得截至2011年浙江省的就业人员依然要多于甘肃省的就业人员,两地区的就业人员数之比为2.45∶1,就业人员总量的差异依然明显。

（二）人力资本显在载体产业分布结构差异

就业者数量的大小，在一定程度上反映了经济过程中人力资本投入数量大小的可能性，但人力资本投入总量的多少，一般和就业者的产业分布密切相关。第一产业的活动大多属于简单劳动，对从业者的文化、技能等要求不高；第二产业则需要其从业者具有一定的文化水平、专业技能等；第三产业特别是高精尖产业对其从业者的文化水平、专业技能等要求非常高。正因为各次产业对从业者素质要求的差异，就业者的产业分布在一定程度上反映了人力资本存量的大小，就业者在第一产业分布的越多，人力资本存量水平越低；就业者在二、三产业分布越多，人力资本存量水平越高。所以对人力资本显在载体在不同地区的产业分布结构进行对比分析，有助于我们了解人力资本的地区差异。

通过对相关年鉴资料上的数据进行整理、计算、估计分别绘制图3－9、图3－10和图3－11，用这三幅图形直观地反映浙江省与甘肃省就业人员的产业分布情况，有助于推测两地区人力资本存量的丰裕度。

图3－9显示，改革开放之初，在第一产业中的就业比重，浙江省只是略低于甘肃省，但是在1990年以后，虽然甘肃省的就业人员在第一产业中的比重也有所下降，但是下降幅度不明显，而浙江省的就业人员在第一产业中的比重却快速下降，之后，浙江省与甘肃省就业人员在第一产业中的比重的差距明显扩大了。

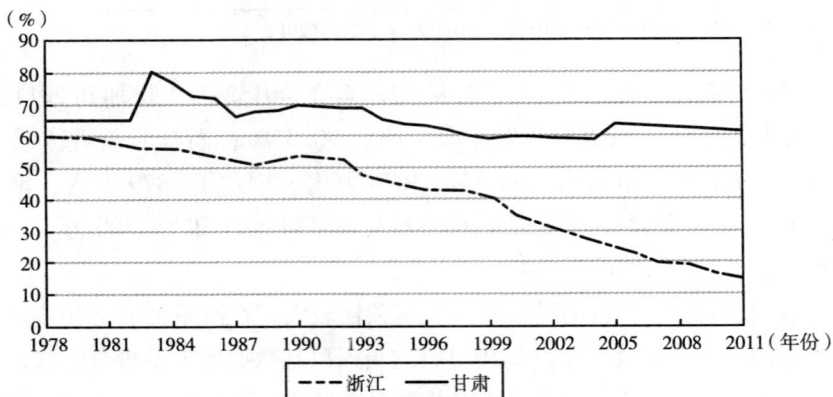

图3－9　浙江与甘肃第一产业就业比重对比

　　图 3-10 显示，改革开放之初，在第二产业中的就业比重，浙江省大约高出甘肃省 10 个百分点，但是在 1984 ~ 1987 年，两省之间的差距近乎 20 个百分点，差距非常明显。在 1990 ~ 2000 年间，这一差距出现缩小的现象，然而自 2001 年以来，这一差距又出现了迅速扩大的态势，以至于两省之间的差距达到 30 个百分点。

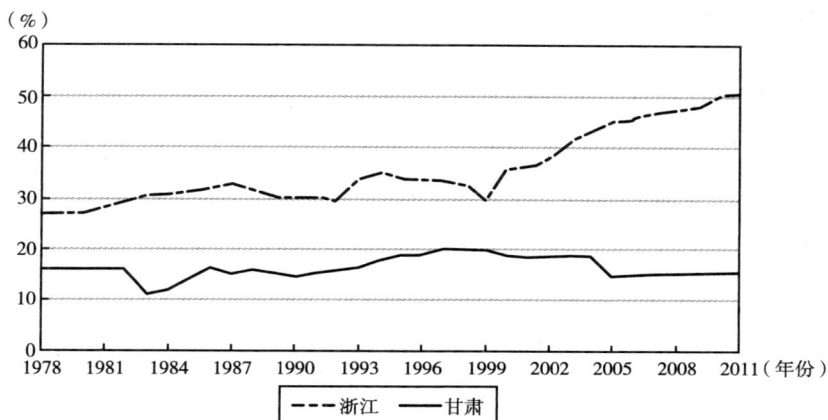

图 3-10　浙江与甘肃第二产业就业比重对比

　　图 3-11 显示，改革开放初期，在第三产业中的就业比重，浙江省与甘肃省的差距很微弱，甚至出现过甘肃省超过浙江省的情况，但是从 1990 年以后，浙江省与甘肃省就业人员在第三产业中的比重虽然都在上升，但浙江省

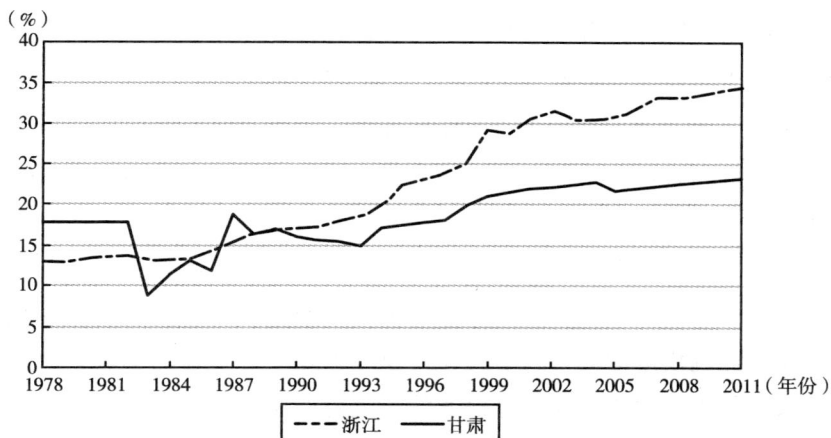

图 3-11　浙江与甘肃第三产业就业比重对比

的上升速度明显快于甘肃省，致使两省之间的这一差距不断扩大，截至 2011 年，差距达到非常明显。在 1990~2000 年间，这一差距出现缩小的现象，然而自 2001 年以来，这一差距又出现了迅速扩大的态势，致使两省之间的差距达到 11.3 个百分点。

二、人力资本质量状况的东、西部差异

人力资本的质量主要是指人力资本所含内容的质量，其中，知识、能力和健康是人力资本的主要内容。本部分坚持客观的原则，科学地、全面地、针对性地分别从知识、健康和能力三个方面阐述人力资本质量的区域差异。

(一) 人力资本知识水平的区域差异

受教育程度是表征人力资本知识质量的一个重要指标，受数据可得性的限制，加之教育是人力资本的重要形成途径，大多数学者都采用平均受教育年限来表征人力资本存量。本书同样认为平均受教育年限越长，人力资本的知识质量就越高，受高等教育的劳动者所占比例越大，人力资本的知识质量就越高。秦立建、蒋中一 (2012) 认为：良好的教育使得收入增加，对自身健康的投资能力越强。因此，受教育程度除了提升劳动者的知识水平，对劳动者健康水平的提高也有重要的积极影响。

本书以浙江省与甘肃省就业人员的受教育程度分布及平均受教育年限来分析人力资本知识水平的区域差异。

1. 就业人员受教育程度的分布结构差异

按照中国的教育体制，本书将教育程度分为五级，从低到高依次是：不识字或识字很少 (il)、小学 (pr)、初中 (ju)、高中 (se)、大专及以上 (co)。表 3-6 显示了浙江与甘肃就业人员受教育程度的分布结构，总体来看，浙江不识字或识字很少的就业者所占比例快速减小，初中受教育程度的就业者所占比例快速增大，高中和大专及以上受教育程度的就业者所占比重越来越大；甘肃省的各级受教育程度的就业者所占比例具有和浙江一致的特征，但变动幅度比浙江要小。总的来说，浙江省的就业人员受教育程度的分布结构优于甘肃省。

表 3 - 6 　　　　　浙江与甘肃就业人员的受教育程度分布情况对比　　　　单位:%

年份	浙江					甘肃				
	il	pr	ju	se	co	il	pr	ju	se	co
1987	21.84	44.87	24.81	7.82	0.66	31.47	41.35	18.38	8.13	0.67
1988	21.45	44.38	25.5	7.94	0.73	31.21	40.9	18.89	8.26	0.74
1989	21.02	43.9	26.2	8.06	0.82	30.92	40.45	19.41	8.38	0.84
1990	21.26	43.6	26.13	7.72	1.29	36.73	33.58	19.4	9.02	1.27
1991	20.05	42.94	27.66	8.30	1.05	30.23	39.57	20.49	8.64	1.07
1992	19.50	42.47	28.42	8.43	1.18	29.84	39.14	21.05	8.77	1.20
1993	19.17	41.24	31.94	6.42	1.23	34.63	35.30	20.99	8.11	0.97
1994	16.11	41.54	32.17	8.69	1.49	28.93	38.28	22.23	9.04	1.52
1995	14.09	40.13	35.17	8.98	1.63	31.83	35.36	21.26	9.79	1.76
1996	10.80	39.80	38.20	9.31	1.89	30.50	27.80	27.40	11.60	2.70
1997	11.10	37.70	36.80	11.20	3.20	23.90	32.10	30.60	11.30	2.10
1998	11.00	37.70	36.10	11.60	3.60	26.80	30.80	29.00	10.90	2.50
1999	10.30	34.90	39.40	12.40	3.00	23.60	30.90	31.10	11.30	3.10
2000	9.20	34.65	40.80	12.05	3.30	22.00	30.75	31.25	12.10	3.90
2001	8.00	34.40	42.10	11.70	3.80	20.30	30.60	31.55	12.90	4.65
2002	7.70	31.10	39.60	13.70	7.90	19.30	32.80	31.90	12.20	3.80
2003	7.80	29.80	40.10	14.20	8.10	18.80	30.10	32.70	12.50	5.90
2004	7.00	25.50	41.70	15.30	10.50	16.20	29.90	33.50	13.00	7.40
2005	7.00	33.30	41.60	11.70	6.40	19.30	33.32	31.50	10.10	5.78
2006	6.30	31.70	41.10	12.20	8.70	21.7	33.10	32.90	8.76	3.54
2007	6.00	31.70	42.10	12.10	8.10	19.40	32.80	35.10	8.70	4.00
2008	5.90	30.70	42.40	12.10	8.90	16.68	33.70	35.50	8.90	5.22
2009	4.40	29.70	42.40	13.12	10.38	15.80	34.10	35.80	9.20	5.10
2010	3.50	25.30	44.78	14.90	11.52	10.00	33.80	37.10	10.90	8.20
2011	1.80	20.60	45.84	15.80	15.96	4.30	28.67	41.80	13.7	11.53

资料来源:《中国劳动统计年鉴》(1997～2012) 及陈钊提供的无偿数据。

2. 就业人员平均受教育年限的区域差异

按照式（2-5）计算浙江省与甘肃省就业人员的平均受教育年限，其中，对就业人员所受不同的教育程度赋予不同的权数：不识字或识字很少、小学、初中、高中、大专及以上分别为1、6、9、12、16，则某一地区就业人员平均受教育年限为：

$$h_t = \sum_{i=1}^{5} edu_{it} \times n_{it}, H_t = h_t \times L, i = (1,2,\cdots,n) \qquad (3-6)$$

其中，edu_{it}、n_{it}分别表示各教育层次的权重和不同教育程度的就业人员比重。由于只能在1997年及以后的《中国劳动统计年鉴》中找到各地区就业人员受教育程度的统计数据，因此，只能得到1997以来的甘肃省和浙江省就业人员平均受教育年限数据，存在数据段太短的缺陷。周彩云（2010）对这一数据进行了拟合，并双向延伸，得到了1978~2007年中国30个省（区、市）的就业人员平均受教育年限，1978~1995年的浙江省与甘肃省就业人员平均受教育年限数据，本书借鉴了她的成果。

图3-12显示，从1978年开始，浙江与甘肃两省的就业人员的平均受教育年限都有提高的趋势，但甘肃省一直处于劣势，而浙江省一直处于优势。总体来讲，两省的平均受教育年限都不高，截至2011年，尚不足10年，仅相当于初中毕业。2008年以后，二者的差距开始缩小。这表明，浙江与甘肃两省之间的平均受教育年限差异存在，但不明显，且有缩小的趋势。

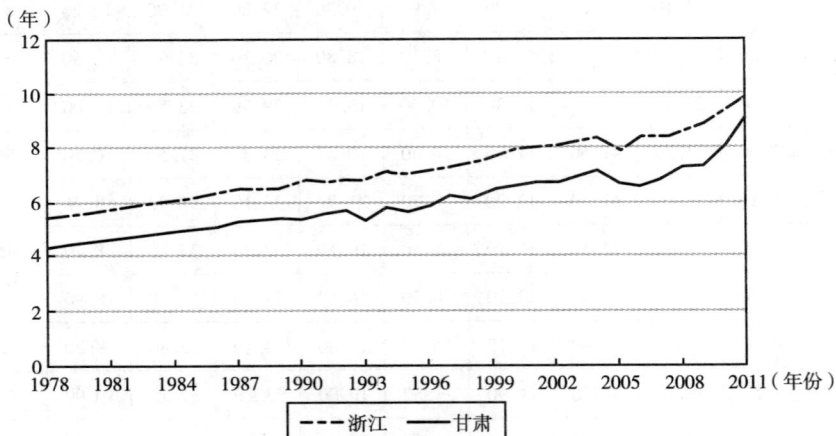

图3-12　浙江与甘肃就业人员平均受教育年限对比

（二）人力资本健康水平的区域差异

健康是人力资本质量的一个重要组成部分，健康的身体能够使就业者具有充沛的精力和体力，在其他因素不变的条件下，劳动者越健康，劳动生产率越高，就能取得越多的收入，进行更多的人力资本投资，增加更多的工作时间，提供更多的社会劳动，劳动质量大大提高，人力资本的使用寿命随之延长，人力资本投资获得未来收益的时间也就更长。

一般采用平均预期寿命和医疗条件来表征人力资本的健康水平。

1. 平均预期寿命的区域差异

舒尔茨（1975）认为，随着有效寿命的延长，人的企业家能力、技能或者文化水平等一个人的经济价值会随之增加。即身体健康状况的改善和较长的寿命可以意味着更长久的职业生涯、更强的劳动能力以及较少的病休时间损失，从而带来更高的劳动生产率。预期寿命的长短从个人角度可以反映个人人力资本的大小，是衡量个人价值以及社会贡献程度的主要指标。从社会角度则反映全社会人力资本存量，对经济增长的贡献是很显著的。表 3 – 7 显示了浙江与甘肃两省居民平均预期寿命的区域差异，浙江具有微弱优势。

表 3 – 7　　　　　　　　　浙江与甘肃平均预期寿命的对比　　　　　　　　单位：岁

区域	1981 年	1990 年	2000 年	2010 年
浙江	69. 51	71. 78	74. 70	77. 73
甘肃	66. 03	67. 24	67. 47	72. 23

资料来源:《中国统计年鉴》（2012）。

2. 医疗条件的区域差异

一般来说，医疗条件是健康的保障，医疗条件越好，健康水平就越高。选取每千人口医院床位数、每千人口医生数以及卫生技术人员数来反映浙江、甘肃的医疗条件。图 3 – 13、图 3 – 14、图 3 – 15 分别是对浙江省与甘肃省每千人口医院床位数、每千人口医生数及卫生技术人员数在 1978 ~ 2011 年的变化对比图。我们根据图形特征可以发现，在改革开放初期的 1978 ~ 1996 年，甘肃省在每千人口医院床位数和每千人口医生数两个指标上均具有显著的优势。但是，在 1996 年以后，浙江省反超了甘肃省，表现出强大发展后劲，甘肃省则表现出不升反降、徘徊不前等发展乏力的特征。而对于卫生技术人员数这一指标，浙江省一直占据优势，并在 2000 年以后与甘肃省的差距越拉越大。

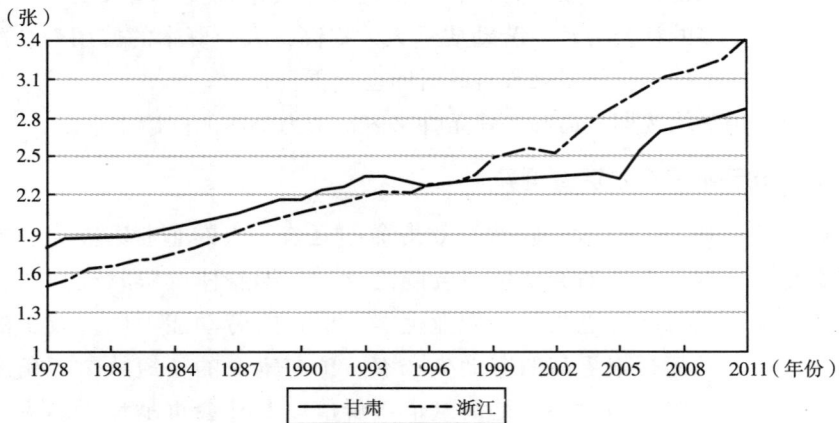

图 3 - 13　浙江与甘肃每千人口床位数量对比

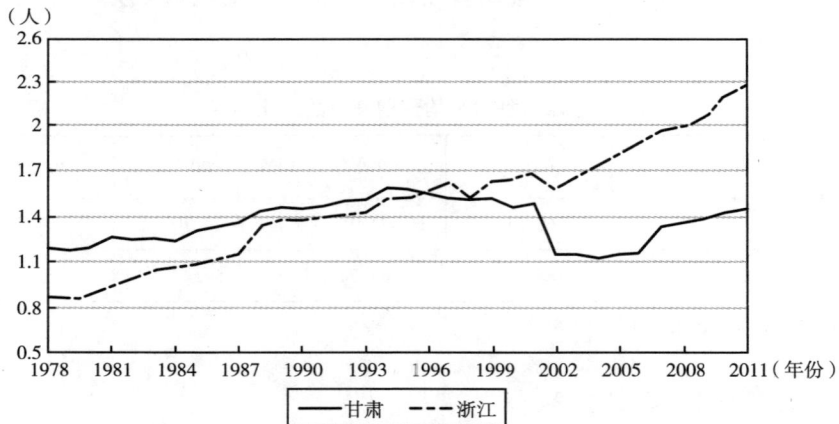

图 3 - 14　甘肃与浙江每千人口医生数量对比

可见，浙江省的医疗条件越来越好，特别是在 2000 年之后，其在各医疗条件指标上都优于甘肃省，为本地区居民的身体健康提供越来越好的保障，居民健康水平不断提高。

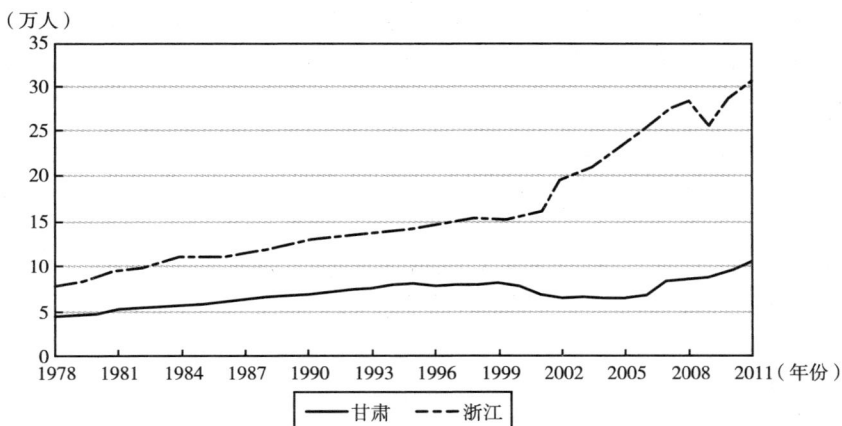

图 3 – 15 甘肃与浙江卫生技术人员数量对比

（三）人力资本能力的区域差异

能力是一个很抽象的概念，是综合了劳动者的各项素质之后体现在工作或学习过程中的稳定的个性心理特征，能力是劳动者先天和后天综合素质的体现。值得注意的是，社会经济生活中，从业者有不同的社会角色，包括普通的体力劳动者、专业技术人员、企业的管理者、企业的决策者、政府的决策者等。这些不同社会角色的从业者身上所具有的能力是不同的，是有层次大小之分的。一般来说，普通的体力劳动者所具有的能力主要表现为机械地重复某项工作，属于较低层次的能力；专业技术人员所具有的能力表现为消化吸收某项技术、模仿某项技术或开发一项新技术，促进技术扩散和技术进步，属于较高层次的能力；企业的管理者所具有的能力主要表现为有效协调各种资源的关系，达到对资源充分利用的效果，属于高层次的能力；企业、政府的决策者具有的是企业家才能[①]，主要表现为整合各种稀缺资源、洞察企业发展的全过程，识别和把握各种新机会等，这是企业或政府的决策者所特有的能力，是所有能力中最高层次的能力，可以说，企业家才能是上述各层次能力中最为稀缺的。

很难找到一个合适的指标全面反映劳动者的能力，由于中国数据的有限性以及测度的困难，选取国内三种专利申请授权数（zhl）、国有企事业单位

---

① 这是一种创新、经营、承担风险、识别风险等能力的有机结合。

技术人员数（jshy）、科技活动人员数（kj）三个替代指标反映除企业家才能以外的人力资本的能力水平，一般认为 zhl、jshy、kj 越多，则人力资本的能力越强。

表 3 - 8 显示，与甘肃省相比，浙江省在反映人力资本的能力水平的四项指标上均占有优势，而且两省之间的差异越来越大。

表 3 - 8　　　　　　　　浙江与甘肃人力资本的技能水平对比

年份	zhl（件）		jshy（人）		kj（万人）	
	浙江	甘肃	浙江	甘肃	浙江	甘肃
1995	2131	257	534627	315741	4.20	3.80
1996	2410	286	557237	341276	5.40	4.30
1997	3167	295	582573	361543	8.40	5.70
1998	4470	349	609325	377529	11.10	6.90
1999	7071	494	628827	394345	15.30	6.30
2000	7592	413	647632	404410	18.60	7.10
2001	8312	512	678134	413696	21.40	7.05
2002	10479	397	703541	435287	23.63	6.95
2003	14402	489	736752	437797	26.18	5.98
2004	15249	514	756382	440234	28.76	5.79
2005	19056	547	771497	456147	30.42	5.04
2006	30968	832	799472	465357	31.05	5.8
2007	42069	1025	825741	483580	33.87	5.27
2008	52953	1047	864375	502361	42.97	5.96
2009	79945	1274	893573	547961	47.31	6.43
2010	114643	1868	931862	574213	49.26	7.87
2011	130190	2383	967372	593217	53.2	9.32

资料来源：历年《中国统计年鉴》《中国科技年鉴》《浙江统计年鉴》《甘肃发展年鉴》。

稀缺的企业家才能是难以度量的，本部分选用城镇私营和个体从业人员数作为替代指标来表征，见表 3 - 9。一般而言，城镇私营和个体从业人员数越多，企业家才能越丰富，城镇私营和个体从业人员数越少，企业家才能越贫乏。

表 3 - 9 显示，浙江与甘肃城镇私营和个体从业人员数自 1978 年开始都在增加，1978 ~ 1993 年，浙江与甘肃在该指标上的绝对差异相对较小，但是

1993 年以后，浙江城镇私营和个体从业人员数的增加突飞猛进，远远超过了甘肃省。这在一定程度上表明，浙江具有企业家才能的人力资本丰富，而甘肃具有企业家才能的人力资本相对贫乏。

表 3 - 9　　　　　　　　　浙江与甘肃城镇私营和个体从业人员

年份	浙江（万人）	甘肃（万人）	绝对差额（万人）	相对差额（浙江/甘肃）（倍）
1978	1.51	0.90	0.61	1.68
1979	2.00	1.00	1.00	2.00
1980	3.51	1.10	2.41	3.19
1981	4.11	2.20	1.91	1.87
1982	5.25	2.70	2.55	1.94
1983	7.61	5.20	2.41	1.46
1984	9.55	10.20	-0.65	0.94
1985	12.09	10.10	1.99	1.20
1986	12.87	12.80	0.07	1.01
1987	15.69	16.20	-0.51	0.97
1988	22.54	16.00	6.54	1.41
1989	27.03	13.60	13.43	1.99
1990	29.84	8.30	21.54	3.60
1991	30.98	9.70	21.28	3.19
1992	38.29	12.10	26.19	3.16
1993	52.54	15.30	37.24	3.43
1994	82.39	20.46	61.93	4.03
1995	96.44	23.66	72.78	4.08
1996	108.99	28.40	80.59	3.84
1997	110.27	32.50	77.77	3.39
1998	122.86	41.50	81.36	2.96
1999	163.34	117.00	46.34	1.40
2000	208.56	114.59	93.97	1.82
2001	236.00	125.43	110.57	1.88
2002	280.97	130.88	150.09	2.15
2003	349.19	137.30	211.89	2.54

续表

年份	浙江（万人）	甘肃（万人）	绝对差额（万人）	相对差额（浙江/甘肃）（倍）
2004	383.11	145.63	237.48	2.63
2005	373.22	169.81	203.41	2.20
2006	467.05	177.21	289.84	2.64
2007	630.48	187.76	442.72	3.36
2008	685.34	205.19	480.15	3.34
2009	748.44	220.86	527.58	3.39
2010	878.59	239.35	639.24	3.67
2011	916.54	252.95	663.59	3.62

资料来源：《甘肃统计年鉴》（1978~2009）、《甘肃发展年鉴》（2010~2012）和《浙江统计年鉴》（1978~2012）。

许多经济学家在分析浙江的经济发展时，认为浙江活跃的私营经济是造成"浙江现象"①的重要原因。浙江具有企业家才能人力资本的丰富和甘肃具有企业家才能的人力资本的相对贫乏在一定程度上解释了两地区之间的经济发展差异。

三、人力资本投入的东、西部差异

人力资本的形成依赖于投资，所以，人力资本存量的大小取决于人力资本投资量的大小。因此，人力资本投资的差异会造成各地区人力资本存量出现明显的不同。经过长期的乘数效应，便会产生人力资本在区域上的差异。可以说人力资本区域差异的"内生型"路径就是人力资本投资。

按照人力资本的内涵，人力资本的形成依赖于正规教育、在职培训、健康保健、迁移和科技等投入。本书测度人力资本存量水平的方法主要是平均受教育年限法，因此，涉及人力资本投资时主要考察教育投资。选取国家财政性教育经费支出和小学、初中、高中以及普通高等学校等各级教育的生均教育经费支出来反映浙江与甘肃教育投资方面的差异。

---

① 浙江作为一个无资源优势、无国家扶持、无政策优惠的小省，在改革开放后由于经济社会发展速度一直居于全国前列，经济社会发展水平跃居全国前列，经济社会发展活力居于全国前列而赢得了经济大省、市场大省、个私经济大省三项桂冠，这就是令世人瞩目的"浙江现象"。

（一）国家财政性教育经费支出差异

表 3 – 10 显示，浙江省与甘肃省的国家财政性教育经费支出绝对差额从 1996 年的 433940.4 万元扩大到 2011 年的 4687945.0 万元，显示出浙江省与甘肃省的国家财政性教育经费支出的绝对差异越来越大，浙江省与甘肃省的国家财政性教育经费支出的相对差距也有类似趋势。1996 年浙江省国家财政性教育经费支出是甘肃省的 266.56%，到 2005 年，浙江省国家财政性教育经费支出是甘肃省的 392.03%，达到了二者差异的峰值。自 2006 年以来，二者的这一相对差距有所缩小，但仍处高位。这在一定程度上表明，中国的国家财政性教育经费支出倾向于发达地区的浙江省，而甘肃省的国家财政性教育支出相对较少，这显示出了国家教育投资总体倾向的巨大差异。

表 3 – 10　　　　　　　　浙江与甘肃的国家财政性教育经费支出

年份	浙江（万元）	甘肃（万元）	绝对差距（万元）	相对差距（%）
1996	694470.2	260529.8	433940.4	266.56
1997	837939.4	299450.6	538488.8	279.83
1998	878846.7	308248.1	570598.6	285.11
1999	919749.0	316938.0	602811.0	290.20
2000	1111919.9	385206.3	726713.6	288.66
2001	1279741.1	425020.8	854720.3	301.10
2002	1973232.0	606262.0	1366970.0	325.48
2003	2147810.3	629378.4	1518431.9	341.26
2004	2320312.0	652145.8	1668166.2	355.80
2005	2853665.1	727916.5	2125748.6	392.03
2006	3237876.4	847512.0	2390364.4	382.04
2007	3611275.4	1024878.9	2586396.5	352.36
2008	4401972.3	1347784.0	3054188.3	326.61
2009	5172415.0	1960155.1	3212259.9	263.88
2010	5947215.5	2359726.1	3587489.4	252.03
2011	7336561.0	2648616.0	4687945.0	277.00

资料来源：《中国统计年鉴》（1997～2012）。

（二）各级教育生均教育经费支出的差异

由于甘肃省与浙江省的教育规模和经济规模不同，单纯以教育投资总量分析难以准确刻画其地区差异，因此，从各级教育生均教育投入角度对两省之间的教育投资差异进行考察。首先根据《中国教育经费统计年鉴》（1997~2012）整理计算得出表3-11，根据表3-11绘制图3-16~图3-19。

表3-11　　　　　　　浙江与甘肃各级教育生均教育经费支出　　　　　　单位：元

年份	浙江				甘肃			
	普通高校	高级中学	初级中学	普通小学	普通高校	高级中学	初级中学	普通小学
1996	8673.88	3525.16	1400.99	910.82	6919.82	1165.98	692.92	365.88
1997	10211.33	4286.08	1547.90	1050.98	8281.03	1220.17	766.88	415.26
1998	15560.73	4239.13	1834.54	1178.07	11290.53	1425.80	783.92	423.03
1999	16982.78	4831.80	2101.29	1359.96	13500.80	1437.91	860.34	503.83
2000	18232.11	5513.47	2359.28	1577.21	14084.86	1602.48	840.90	554.73
2001	23001.29	6645.33	2823.67	2018.44	12850.61	2312.42	995.91	686.82
2002	20772.13	7274.78	3168.61	2372.95	11916.48	2408.09	1103.60	811.98
2003	21636.91	8249.36	3955.18	2866.95	11216.23	2381.64	1066.71	865.15
2004	21402.98	9117.05	4917.79	3583.49	11871.89	2545.29	1278.04	1019.03
2005	21640.01	9481.55	5642.21	3983.28	10489.70	2685.22	1517.54	1215.78
2006	28497.44	10026.34	6097.74	4347.87	11532.74	2903.73	1874.89	1498.75
2007	21994.72	11326.09	7105.53	5234.73	10732.48	3322.63	2374.00	1948.32
2008	21111.67	12110.27	8339.83	6080.20	12915.42	4423.62	3575.55	2843.13
2009	24636.88	13015.61	9785.65	7471.38	13616.46	5145.22	4532.04	3501.40
2010	28108.89	14035.67	11690.04	8973.71	13841.56	6106.20	5187.41	4073.92
2011	28899.16	16347.91	13430.41	9668.21	18275.56	7253.05	6131.16	5158.49

资料来源：《中国教育经费统计年鉴》（1997~2012）。

图3-16~图3-19分别直观地展现了浙江省与甘肃省1996~2011年各级教育生均教育经费支出的差异状况。这四幅图的趋势特征基本一致，即浙江省1996~2011年各级教育生均教育经费支出均高于甘肃省，浙江省与甘肃省1996~2011年各级教育生均教育经费支出的初始差异都比较小，但是2000年以后出现迅速扩大的特征。浙江省与甘肃省在义务教育阶段的教育投入就已经存在相当大的差异，这会对区域经济发展和区域收入差距的拉大产生重要的影响。

（元）

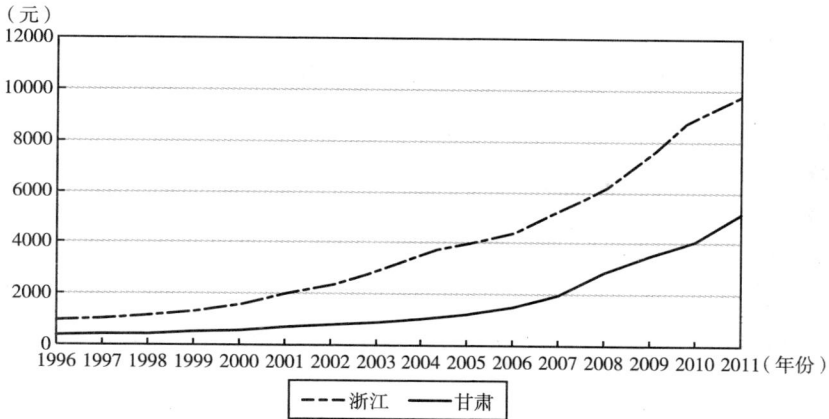

图 3 - 16　浙江与甘肃地方普通小学生均教育经费对比

（元）

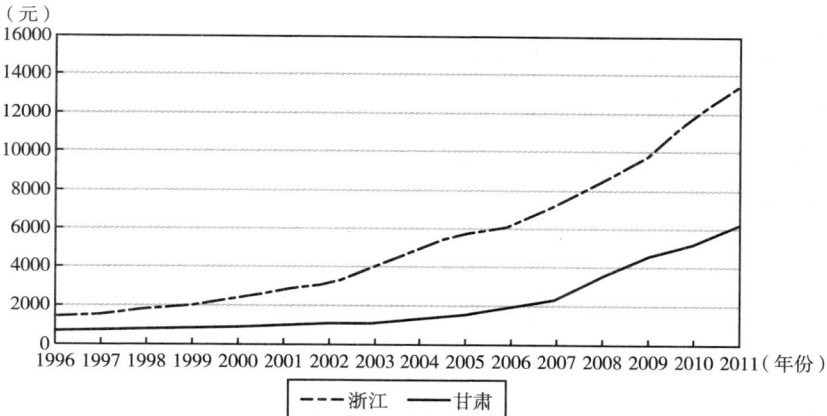

图 3 - 17　浙江与甘肃地方初级中学生均教育经费对比

（元）

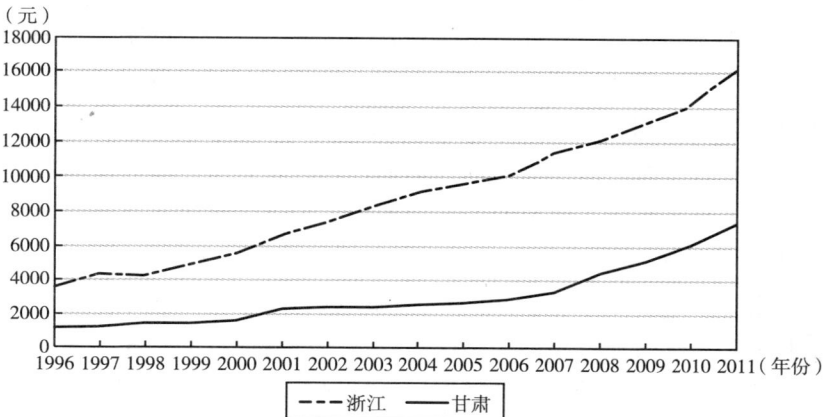

图 3 - 18　浙江与甘肃地方高级中学生均教育经费对比

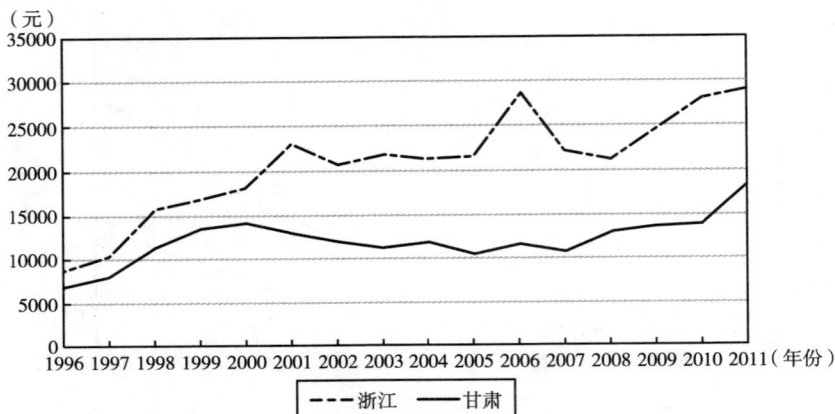

图 3-19 浙江与甘肃普通高校生均教育经费对比

经过分析，本书认为，无论是在人力资本的潜在载体、显在载体的数量以及显在载体的产业分布结构上，还是在知识水平、健康水平及能力等人力资本质量以及人力资本投入上，浙江省都具有显著优势，这也许是浙江经济快速发展的一个重要原因。

第四节 本章小结

在对区域、区域单元、时间区间进行基本界定的基础上，以消除通货膨胀因素的实际人均 GDP 为经济指标，运用加权标准差、加权变异系数、加权基尼系数和泰尔指数等学界普遍使用的测度区域经济差异的指标，刻画了中国区域经济差异的演变轨迹，发现中国实际人均 GDP 的省际差异呈波动状扩大的特征。随后，利用具有可分解特性的泰尔指数将中国实际人均 GDP 的省际差异进行空间分解，发现中国四大地区之间的差异对区域经济总体差异的贡献率最大，这表明四大地带间的经济差异是中国区域经济差异扩大的最重要的来源。通过对《中国统计年鉴》中 30 个省（区、市）的 GDP、人均GDP 进行排序比较，发现在上述两项指标中排名靠前的多属于东部，排名靠后的多属于西部，进而推断，中国区域经济的地带间差异以东、西部差异最为突出。由此，得出推论：为实现中国区域经济的协调发展，主要是要采取有效措施缩小区域间的经济差异，特别是东、西部地区之间的经济差异。

　　以东部经济发展较好的浙江省和西部经济发展较差的甘肃省作为东、西部区域样本，分析中国东、西部区域经济差异的事实，发现西部欠发达地区与东部发达地区存在巨大经济差异，已严重影响到中国现代化建设目标的实现，不利于国家生产力的合理布局和地区经济的协调发展。因此，要落实科学发展观、实现共同富裕，关键在于西部欠发达地区的发展。

　　在人力资本能够促进经济增长已成共识的基础上，存在区域经济差异就意味着人力资本也存在区域差异。依然是以东部的浙江和西部的甘肃作为区域样本，通过对人力资本载体、人力资本质量、人力资本投入等指标分析东西部地区的人力资本差异，发现人力资本的东、西部差异是存在的，由此，可以认为，东部地区人力资本的优越状况，特别是具有企业家才能的人力资本的集聚可能是其经济快速发展的一个重要原因，因此，人力资本的差异很可能是解释区域经济差异的重要原因之一。

第四章　人力资本对区域经济增长作用的传导机制构建

第一节　经济增长主要决定因素的判定

一、模型设定

已有研究成果表明：人力资本已经成为促进经济增长的重要原因之一。在前人的研究中，人力资本被大多数学者视为生产过程的投入要素，运用增长核算方程，测度各主要的经济增长影响因素对经济增长的贡献度。那么处于经济转型期的中国，各主要影响经济增长的因素对经济增长的贡献度如何，特别是人力资本，是否以要素投入的作用方式积极地促进了中国的区域经济增长呢？为了判断中国经济增长的决定因素及人力资本在区域经济增长中的作用，本书首先构建了卢卡斯人力资本外溢模型，该模型将人力资本视为要素投入，并考虑人力资本的内在效应和外在效应。该模型的函数表达式如下：

$$Y_{it} = AK_{it}^{\alpha}H_{it}^{1-\alpha}h_{it}^{\beta}e^{\mu} \tag{4-1}$$

运用增长核算方程可以测度各主要影响经济增长的因素对经济增长的贡献度，将式（4-1）两边取对数后对时间 t 求导变换为差分方程形式，得出与式（4-1）对应的增长核算方程：

$$\frac{\Delta Y_{it}}{Y_{it}} = \frac{\Delta A}{A} + \alpha\frac{\Delta K_{it}}{K_{it}} + (1-\alpha)\frac{\Delta H_{it}}{H_{it}} + \beta\frac{\Delta h_{it}}{h_{it}} \tag{4-2}$$

其中，$\frac{\Delta Y_{it}}{Y_{it}}$ 为经济增长率，$\frac{\Delta A}{A}$ 在此设定为外生的技术进步率，$\frac{\Delta K_{it}}{K_{it}}$ 为物质资本

存量增长率，$\dfrac{\Delta H_{it}}{H_{it}}$ 为有效劳动投入量①增长率，$\dfrac{\Delta h_{it}}{h_{it}}$ 是人力资本存量水平的增长率，α、β 分别表示物质资本产出弹性系数和劳动产出弹性系数。

只有在求得物质资本产出弹性系数和劳动产出弹性系数后，才能判断各经济增长影响因素对经济增长的贡献份额，进而测度相应的贡献率。弹性系数的计算方法一般有收入份额法和回归法，使用较多的是回归法。回归法简便易行，比较普遍，本书拟用该方法计算各弹性系数。

为克服式（4 - 1）可能存在的多重共线性，将式（4 - 1）两边取自然对数，进而得到式（4 - 1）的要素产出弹性的估计方程：

$$(\ln Y_{it} - \ln H_{it}) = \ln A + \alpha(\ln K_{it} - \ln H_{it}) + \beta \ln h_{it} + \mu \qquad (4-3)$$

二、指标选取与数据说明

本部分的指标主要涉及经济增长产出指标和经济增长投入指标。选取国内生产总值（GDP）作为衡量经济增长的产出指标，选取物质资本存量、劳动投入、人力资本存量水平和有效劳动投入作为经济增长的投入指标。

第一，国内生产总值指标。由于统计年鉴中公布的 GDP 都是现价数据，没有考虑到历年之间数据的可比性。因此，本书选取以 1978 年为基年，将各年的现价 GDP 换算为以 1978 年为基年的可比价 GDP。

第二，物质资本存量指标。物质资本存量是生产过程中的关键变量，对其进行估算以及与之相关的研究是目前经济学界研究的热点，估算物质资本存量的流行方法是永续盘存法，但对其进行精确测度是一个难点。

运用永续盘存法测度物质资本存量的最基本公式为：

$$K_t = K_{t-1}(1 - \delta_t) + \dfrac{I_t}{P_t} \qquad (4-4)$$

其中，K_t 代表要测度的第 t 期的物质资本存量，K_{t-1} 代表第 $t-1$ 期的物质资本存量，I_t 代表第 t 期的固定资产投资，δ_t 代表第 t 期的折旧率，P_t 代表投资价格指数。

观察永续盘存法测度物质资本存量的基本公式，可以发现，欲准确估算

---

① 人力资本数量和人力资本质量的乘积即为人力资本总存量。

第 t 期物质资本存量，那么，首先要确定公式中的其余四个关键变量：K_{t-1}、δ_t、I_t 和 P_t，其次还要估计出基期的物质资本存量，同时，中国统计数据存在两个重要缺陷：不全面和统计口径的前后不一致性，这给物质资本存量的估算带来了更多的困难，使得我们不得不面对处理缺失数据以及统一数据的前后口径问题。所幸，张军等（2004）对这些问题的处理方法均做了详细的论述。

本书对物质资本存量的估算也采用永续盘存法的基本计算公式，涉及的变量和参数选取均借鉴张军等（2004）的做法，I_t 用固定资本形成总额，$\dfrac{I_t}{P_t}$ 的确定按照张军等（2004）的计算方法，并以《中国国内生产总值核算历史资料（1952～1995）》《中国国内生产总值核算历史资料（1952～2004）》、各省（区、市）的统计年鉴（2012）中的 1952～2004 年各省固定资本形成总额以及"上年 ＝1 的固定资本形成总额指数"和 2005～2011 年的各省固定投资和"上年 ＝1 的固定投资价格指数"数据为基础进行计算。折旧率选用张军等（2004）估算的经济折旧率 9.6％，考虑到永续盘存法对物质资本存量初始值选取十分敏感，所以把基年选为 1952 年，各省（区、市）1952 年的固定资本形成总额（1978 年可比价）除以 10％ 作为该省的初始物质资本存量。这样，在本书的分析初始期为 1978 年的情况下，物质资本存量的初始值相对稳定。

第三，劳动投入指标。将全国及各省（区、市）历年年末就业人口数作为劳动力要素的投入量。

第四，人力资本存量水平。全国及各省（区、市）的人力资本存量水平用平均受教育年限指标来替代，计算方法见第三章。

第五，有效劳动投入指标。各省（区、市）劳动力投入量与历年人力资本平均水平的乘积为各省（区、市）人力资本累积总量，即与人力资本结合的有效劳动投入。

上述数据都是以可获得性为前提得到的，各与物价相关的数据都进行了消胀处理。数据一般都来自《新中国六十年统计资料汇编》（2009）、《中国统计年鉴》（1979～2012）以及 1978～2012 年各省（区、市）的统计年鉴资料，另外，也有一些数据来自《中国国内生产总值核算历史资料（1952～1995）》《中国国内生产总值核算历史资料（1952～2004）》。为了保证数据口径的一致性，考虑到重庆市 1997 年被单独划为直辖市，所以将重庆与四川的数据合并处理。进而，本书中包含 30 个省（区、市），时间跨度为 1978～2011 年，共计 34 年。

三、实证结果与分析

在对各序列数据进行平稳性检验的基础上，运用 Hausman 检验和 F 检验，确定应该采用固定影响的变系数模型对中国 30 个省（区、市）的面板数据进行单方程估计。得出的结果为：

$$(\ln Y_{it} - \ln H_{it}) = 0.0186 + 0.637(\ln K_{it} - \ln H_{it}) + 0.438\ln h_{it} + \mu$$
$$(8.6536^{***}) \quad (10.1342^{***}) \qquad\qquad (2.8624^{**}) \qquad (4-5)$$

其中，括号内为 t 统计量，*** 表示在 1% 的水平上显著，** 表示在 5% 的水平上显著。物质资本产出弹性系数为 0.637，有效劳动的产出弹性系数为 0.363，人力资本外部性的弹性系数为 0.438。可以看出，在中国经济增长过程中，物质资本的产出弹性系数是最大的，其次是人力资本外部性，有效劳动的产出弹性系数相对来说是最小的。

在得出各影响经济增长的因素的弹性值之后，根据式（4-2）测度各影响因素对经济增长的贡献率，结果显示，物质资本对中国经济增长的贡献率为 73.65%，有效劳动对中国经济增长的贡献率为 8.51%，人力资本外部性对中国经济增长的贡献率为 14.13%。由此，可以判断，中国的经济增长主要由物质资本驱动。人力资本内部效应和外部效应对中国经济增长的贡献率达到 22.64%，人力资本对中国经济增长是起促进作用的，但其贡献率与物质资本对中国经济增长的贡献率不可同日而语。这在一定程度上表明，以中国转型期的经济数据为基础将人力资本视为要素投入纳入经济增长模型，分析其对中国经济增长的作用，并未体现出人力资本对经济增长的源泉作用。

于是，我们做出初步的判断：人力资本作为要素投入对中国经济增长的作用不是很明显，可能的原因是：中国转型期不完善的制度的约束，未能充分调动劳动者的积极性，造成人力资本潜能发挥大打折扣。另外，人力资本对中国转型期经济增长的巨大促进作用是通过间接机制发挥的。

第二节　全要素生产率对经济增长的作用

本章第一节中的分析，是将技术进步视为外生变量，考察各影响经济增长的因素对中国转型期经济增长的作用，判断中国经济转型期经济增长的主要决定因素，并得出物质资本积累是中国经济增长的主要驱动因素的结论。然而，新古典增长理论和内生经济增长理论都已经意识到技术进步是经济增长的源泉，只是新古典增长理论将技术进步视为外生变量，而内生经济增长理论则把技术进步视为内生变量，并认为人力资本是技术进步的内在原因。

本部分主要判断技术进步是否已经成为中国经济增长的重要决定因素之一，并分析人力资本是否就是技术进步的内生原因。

一、TFP 与 TFP 增长

从经济学意义上来看，技术进步是指能使一定数量的资源投入生产出更多产品的所有影响因素共同发生作用的过程。从技术层面上说，技术进步表现为生产函数的变动①。因而，广义的技术进步和全要素生产率提高是同一回事。

全要素生产率（total factor productivity，TFP）概念于 1957 年由美国经济学家罗伯特·索罗（Robert M. Solow）最早提出，是与单要素生产率（single factor productivity，SFP）② 相对的一个概念，是单位总投入带来的总产出的生产率指标，用来综合衡量全部生产要素的生产效率，计算其的数学表达式为：$TFP = \dfrac{Y}{X}$，其中，Y 和 X 分别表示总产出和总投入。

对宏观经济增长而言，TFP 增长率比 TFP 本身更重要。一般认为，TFP 增长率是在所有投入不变的情况下，因生产方法改进的结果而造成的产量增加的幅度。从理论概念上来讲，TFP 增长率表示的是非体现的技术进步率③，其本质是所投入的全部要素的综合生产效率的增长率。TFP 增长率的计算可

---

① 就是说当单位投入量对产出的贡献增加时，其增加部分就是技术进步。

② 单要素生产率指的是任何一种生产要素投入量与产出量的比值，最常用的是劳动生产率和资本生产率。某种生产要素的单要素生产率只能反映该种生产要素视角下的生产效率，也就是说某种单要素生产率的增长率表示的只是生产中对该种要素的节约程度，但在实际生产中往往要使用多种生产要素，节约使用该种生产要素的成果有可能是以增加对其他生产要素的低效使用为代价的，这就使单要素生产率的变动无法全面真实地反映经济体的总生产效率的变化。

③ 郑玉歆（1999）认为，技术进步分为体现型和非体现型。体现型技术进步是指伴随要素质量的提高而产生的技术进步，一般而言，物质资本是体现型技术进步的载体。非体现型技术进步是指不依赖于要素质量的外部因素作用产生的技术进步，例如管理水平的提高，资源分配的合理性，等等。一般而言，非体现型技术进步由 TFP 来表示。

以通过建立增长核算方程来实现。如果确定了各投入要素的贡献，TFP 的增长率就是确定的、唯一的。TFP 增长反映了对生产单元利用一定生产要素生产更多产出或在一定产出目的下提高最小化生产要素投入能力。TFP 增长对国家福利的增加、人民生活水平提高，促进经济增长、推动国家或地区经济和社会的可持续发展、提高国家竞争力均具有重要意义。

二、TFP 增长对经济增长的作用

接下来，我们将 TFP 视为内生变量纳入经济增长模型。根据增长核算的方法分解投入要素和 TFP 增长对经济增长的贡献率，以期对各要素投入和TFP 增长对经济增长的贡献程度进行判断，进而分析 TFP 增长对经济增长的作用。设生产函数为[①]：

$$Y_{it} = A_{it}K_{it}^{\alpha}(L_{it}h_{it})^{1-\alpha} \qquad (4-6)$$

我们假设技术进步是希克斯中性的，并且规模报酬不变。其中，Y_{it} 代表第 i 省第 t 年的劳动力的平均受教育年限，A_{it} 代表第 i 省第 t 年的全要素生产率（TFP），K_{it} 代表第 i 省第 t 年的物质资本存量，L_{it} 代表第 i 省第 t 年的年末劳动力投入数量，h_{it} 代表第 i 省第 t 年的劳动力人力资本平均水平，α 为物质资本产出弹性。

式（4-6）可以改写成劳均量的形式：

$$y_{it} = A_{it}k_{it}^{\alpha}h_{it}^{1-\alpha} \qquad (4-7)$$

其中，y_{it} 表示的是劳均产出，k_{it} 代表的是劳均物质资本存量。劳均指标更符合投入与产出的对应关系，也是最具经济福利意义的指标。

对式（4-6）两边取自然对数并对时间求导，可得：

$$G_{y_{it}} = G_{A_{it}} + \alpha G_{k_{it}} + (1-\alpha)G_{h_{it}} \qquad (4-8)$$

其中，左边的 $G_{y_{it}}$ 代表劳均产出增长率；右边第一项 $G_{A_{it}}$ 代表全要素生产率的增长率；第二项 $G_{k_{it}}$ 代表劳均物质资本的增长率；第三项 $G_{h_{it}}$ 代表劳均人力资本的增长率。在已知物质资本产出弹性系数 α 的条件下，可求得各投入要素

---

① 这里主要考察的是各要素投入及 TFP 增长对经济增长的贡献度，为了计算的方便，在选择模型的时候只需考虑人力资本与普通劳动相结合作为要素投入的直接作用，所以，我们设定为有效劳动模型形式。

以及 TFP 对经济增长的贡献率:

$$C_{k_{it}} = \frac{\alpha G_{k_{it}}}{G_{y_{it}}} \tag{4-9}$$

$$C_{h_{it}} = \frac{(1-\alpha) G_{h_{it}}}{G_{y_{it}}} \tag{4-10}$$

$$C_{A_{it}} = 1 - C_{k_{it}} - C_{h_{it}} \tag{4-11}$$

其中,$C_{k_{it}}$ 表示物质资本投入对经济增长的贡献率、$C_{h_{it}}$ 表示人力资本对经济增长的贡献率、$C_{A_{it}}$ 表示 TFP 增长对经济增长的贡献率。

可以看出,物质资本产出弹性系数 α 的确定,是我们分析各投入要素和 TFP 增长对经济增长贡献率的关键。此处,我们依然采用回归法进行计算。关于物质资本产出弹性系数的数值多集中在 0.4、0.5、0.6 及以上的一些数值,其中,测算结果为 0.4 的包括世界银行(World Bank,1997),沈坤荣(1999),邹(Chow,2002),梁红、易峘(2005)等;测算结果为 0.5 的有王小鲁(2000),王和姚(Wang and Yao,2003),胡鞍钢、王亚华(2005)等;测算结果为 0.6 及以上的有卡姆和劳(Kim and Lau,1996),劳和帕克(Lau and Park,2003),傅晓霞、吴利学(2006),周彩云(2010)等。

为避免模型可能存在的多重共线性,将式(4-7)两边取自然对数,构建模型:

$$\ln y_{it} = \ln A_{it} + \alpha \ln k_{it} + (1-\alpha)\ln h_{it} + \mu \tag{4-12}$$

前面已对数据来源及相关指标进行了必要的说明和解释,本书以中国省际面板数据为基础运用 Eviews6.0 软件进行多元线性回归,以式(4-12)为理论模型进行固定效应模型的 Panel-data 分析,确定物质资本弹性系数 α 为 0.628。在已知物质资本弹性系数 α 的情况下,运用式(4-9)、式(4-10)、式(4-11)计算出物质资本、人力资本及 TFP 增长对经济增长的贡献率分别为 65.31%、7.53% 和 27.16%。由此可知,在中国转型期的经济增长中,TFP 增长已成为中国经济增长的第二影响因素,仅次于物质资本,人力资本的作用仅 7.53%,与理论预期相差较大。由于增长核算方程中测度的人力资本对经济增长的贡献率主要是对人力资本作为要素投入的直接作用的捕捉,因此,存在低估人力资本真实贡献的可能,同时,再次表明:人力资本对中国转型期经济增长的巨大促进作用是通过间接机制发挥的。

第三节　人力资本对经济增长作用的传导机制

人力资本对经济增长具有重要的促进作用，这已在学术界达成共识，但是将人力资本视为生产过程的投入要素，并未得到令人满意的结果：一方面，表明人力资本的要素作用可能受到制度等约束没有充分发挥出来；另一方面，本书猜测人力资本对中国转型期经济增长的作用是间接的，按照内生经济增长理论，人力资本是技术进步的内生原因，人力资本对 TFP 增长应具有重要的促进作用，再通过 TFP 增长促进中国经济增长。

本部分做如下安排：首先验证人力资本是否对中国的 TFP 增长具有重要的促进作用。如果结果显示人力资本对中国的 TFP 增长无促进作用，那么，什么是促进中国 TFP 增长的因素？如果结果显示人力资本对中国的 TFP 增长有促进作用，且很大，那么人力资本具体是如何通过 TFP 增长促进经济增长的？

一、人力资本对 TFP 增长的作用效果

通过前面的分析，我们知道，TFP 增长已经成为中国转型期经济增长的第二驱动因素，是中国区域经济增长的重要源泉之一。新古典经济增长理论认为要素积累和 TFP 增长是经济增长的两项直接来源，在众多学者对经济增长的研究中，非常关注 TFP 增长，有大量经验研究显示：TFP 增长对经济增长的贡献程度与国家的发达程度正相关①。TFP 增长越快，TFP 水平就越高，这就意味着投入更少的要素就可以得到同样的产出，依靠 TFP 增长是一种资源节约型的经济增长方式。在自然资源以及各投入要素有限的条件下，TFP 增长将成为经济可持续增长的唯一途径。

那么，到底哪些因素会影响 TFP 增长呢？根据 TFP 的概念，本书认为，除了要素投入之外，一切影响经济增长的因素都会对 TFP 增长产生影响。事实上，经济增长理论对经济增长影响因素的分析，也就是在阐述影响 TFP 增长的因素②。然而，影响经济增长的因素纷繁复杂，导致各影响因素对经济增

---

① 有研究表明，西方发达国家的 TFP 增长对经济增长的贡献率都在 60% 以上。

② 毕竟各类因素不是通过影响要素积累就是通过影响 TFP 增长来作用于经济增长。

长的作用路径以及作用机制会有不同，所以，学者们基于不同角度各因素对 TFP 增长的影响进行分析和解释。美国经济学家丹尼森认为资源配置改善、规模经济、知识进步、政策因素等都会对 TFP 增长产生影响；中国学者李国璋（1995）则是从软投入理论的角度对影响全要素生产率增长的因素进行分析，认为软投入组合质量的提高是促进 TFP 增长的主要因素。

按照新古典经济增长理论，所有其他因素都是通过对要素积累和 TFP 增长起作用而间接作用于经济增长。本部分主要针对人力资本对 TFP 增长的作用进行分析，但在模型构建上，必须将其他影响 TFP 的因素考虑进来，本书认为基础设施状况、制度变迁、结构变化、政府行为等都是影响 TFP 增长的主要因素，所以，为避免因遗漏了重要变量而导致估计量产生偏误（J. M. 伍德里奇，2003），我们将基础设施状况、制度变迁、结构变化和政府行为作为分析人力资本影响 TFP 增长的控制变量，进行模型构建。

（一）变量指标说明和模型设定

1. 变量指标说明

第一，人力资本存量水平。

在本书的第二章中，已经对人力资本的概念进行了界定，对人力资本存量水平的测度方法进行了描述。本部分使用前文选定的测度方法，即平均受教育年限法测度人力资本存量水平，具体见式（3-6），不再赘述。

第二，基础设施状况。

基础设施对任何类型的国家或地区而言，都是经济增长的前提条件。许多学者的研究结果都认为基础设施状况越好，生产率越高，例如，阿绍尔（Aschauer，1989）采用政府用于公共设施的财政支出作为基础实施状况的代理变量，以美国 1945~1985 年的面板数据为数据基础，对 TFP 与基础设施状况之间的关系进行了研究，得出二者高度正相关的结论，并特别强调了高速公路、机场、水和电等核心基础设施对 TFP 增长的强大解释力。穆尔梅尔（Murmell，1990a）得出了和阿绍尔（1989）相同的结论，认为基础设施状况越好对 TFP 的提高作用越强烈；中国学者王小鲁等（2009）通过对中国基础设施状况与全要素生产率增长的关系的研究，也得出了和国外学者类似的结论，认为基础设施状况的改善对中国全要素生产率增长的作用是至关重要的。从目前来看，以中国为研究对象的大量研究结果都显示：基础设施状况的改善对 TFP 增长具有正效应。

　　由于很难找到一个全面描述基础设施状况的指标，而且中国很多数据的统计口径不一致，所以，本书选择一个既能反映基础设施状况，又能做到数据统计口径的替代指标来反映中国 30 个省（区、市）的基础设施状况。这个替代指标为：公路网密度，用 *RND* 表示，其具体计算如下：

$$RND = \frac{公路里程数（千米）}{地区面积（平方千米）} \qquad (4-13)$$

　　第三，制度变迁。

　　制度变迁是对中国经济转型成果的显著表述，一般表现产权制度变迁、市场化程度变化、分配格局变化和对外开放程度变化等（金玉国，2001）。关于产权制度变迁，对于中国而言，主要表现为非国有经济比重的增加；市场化程度的变化反映了市场机制在经济中的作用的发挥程度，由于市场机制作用的发挥在一定程度上取决于非国有经济比重的大小，鉴于数据获取的困难，本书参考王小鲁（2009）的做法，用非国有经济在工业总产值中的比重作为市场化程度的近似替代指标。由此，产权制度变迁和市场化程度变化可以用同一个替代指标来反映，这个替代指标就是非国有经济在工业总产值中的比重，用 *BQ* 来表示，其具体计算如下：

$$BQ = 1 - \frac{国有工业总产值}{全部工业总产值} \qquad (4-14)$$

其中，国有工业总产值占全部工业总产值的比重是根据《新中国六十年统计资料汇编》（2009）计算出的 1978～1998 年的具体数值，1999 年及以后的数据则是通过数据拟合的方式得到。具体拟合方式参照周彩云（2010）。

　　一般来讲，国际贸易和外商直接投资是对外开放的两个重要方面，考虑到省级层面外商直接投资数据的部分缺失，本部分选用出口总额占 GDP 的比重作为对外开放程度的替代变量，通过《新中国六十年统计资料汇编》（2009）和《中国统计年鉴》（1999～2012）等统计数据，用历年的平均人民币汇率将用亿美元表示的出口总额换算为人民币元，用 *OPEN* 表示外开放程度的替代变量。其具体计算如下：

$$OPEN = \frac{出口总额}{地区 GDP} \qquad (4-15)$$

　　第四，结构变化。

　　王小鲁（2004）认为，中国的经济结构变化主要表现为城乡结构的变化，换言之，中国的经济结构变化表现为城市化①水平的不断提升。从某种意义上来说，城市化是一个经济资源聚集于城市的过程。城市对人力资本的集聚作用非常强，特别是对高质量的人力资本。不仅如此，城市环境对人力资本的创造力具有极大的激发作用。因此，一般来说，城市被视为"创造力与创新"的"孵化器"。进而，城市可以极大地推动区域经济的增长（Park and Mclenzie，1925；Jacobs，1961；Lucas，1988；Youl Lee et al.，2002）。中国 1978 年的城市化率②仅为 18%，但是，时间定格到 2011 年，中国的城市化率上升到 51.27%。目前而言，大多数研究认为，劳动力从低生产率的农业转移到较高生产率的城市非农产业，极大地改善了资源配置的效率。因此，城市化成为中国 TFP 提高的重要来源。本书用城市化水平作为中国经济结构变化的代理指标，用 *urban* 来表示，具体计算如下：

$$urban = \frac{城镇人口}{总人口} \qquad (4-16)$$

本书在具体计算的过程中，借鉴周一星、田帅（2006）的方法，直接用了他们得出的 1982~2000 年的数据结果，1978~1981 年的数据以及2001~2011 年的数据则用与其相同的方法进行了延伸③。

第五，政府行为。

政府是一个国家或地区经济的权威干预者，政府行为主要包括政府制定经济政策、发展战略，进行财政支出等，政府的一系列行为对经济增长和 TFP 增长均会产生重要影响。但政府的很多行为都很难量化，所以本书选择政府财政支出占各地区生产总值的比重来表示各地区的政府行为。一般用 *GOV* 表示政府财政支出占地区生产总值的比重，以《新中国六十年统计资料汇编》（2009）、《中国统计年鉴》（1999~2012）为数据基础，其具体计算如下：

$$Gov = \frac{政府财政支出}{GDP} \qquad (4-17)$$

---

① 随着社会生产力的发展变革，人类的生产和生活将出现从乡村向城市转移的过程和趋势，这就是城市化，其具体表现是城市的数量增加，城市的规模不断扩大，非农产业和非农人口持续集聚、城市的功能不断完善、城市的环境不断改善。

② 城镇人口占总人口的比例。

③ 广东与海南的数据自 1978 年始就分开计算，重庆归入四川计算。数据来自中国各省的统计年鉴资料和人口普查资料。

2. 模型的设定

根据以上对指标选择的具体说明，本部分构建出如下 TFP 增长影响因素的分析模型：

$$TFPC_{it} = \alpha_0 + \alpha_1 H_{it} + \alpha_2 OPEN_{it} + \alpha_3 BQ_{it} + \alpha_4 Urban_{it}$$
$$+ \alpha_5 Gov_{it} + \alpha_6 \ln(RND_{it}) \qquad (4-18)$$

其中，TFP 增长率用 $TFPC_{it}$ 表示，其计算公式为：

$$TFPC_{it} = \ln TFP_{it} = \ln Y_{it} - \alpha \ln K_{it} - (1-\alpha)\ln L_{it} \qquad (4-19)$$

本书对各相关变量的符号作出如下预期：

$\alpha_1 > 0$，$\alpha_2 > 0$，$\alpha_3 > 0$，$\alpha_4 > 0$，α_5 不确定，$\alpha_6 > 0$

（二）实证结果及分析

全面考虑要素投入、基础设施状况、制度变迁状况、结构变化以及政府行为等的差异之后，本书认为，上述变量基本上反映了各省区之间的差异，所以，在具体模型估计过程中，不再考虑个体因素的影响。但是，考虑到各时期之间可能存在异方差，本书采用 Pooled EGLS（Period weights）模型估计方程，相关结果见表 4 – 1。

表 4 – 1　　　　1978 ~ 2011 年 TFP 增长决定因素分析模型回归结果

影响因素	变量名	系数	标准误	T 统计量
常数项	C	– 7. 92318 ***	1. 919962	– 4. 126738
人力资本存量水平	H	1. 087421 *	0. 921103	1. 180564
出口占 GDP 比重	$OPEN$	0. 024431 **	0. 010601	2. 304531
非国有经济比重	BQ	0. 058552 ***	0. 009095	6. 437821
城市化水平	$Urban$	0. 087433 ***	0. 017572	4. 975632
政府支出/GDP	Gov	– 0. 048343 **	0. 018366	– 2. 632181
公路网密度	Log（RND）	0. 825734 ***	0. 184381	4. 478421
观测值数目		1020		
Ajusted R^2		0. 3782		

注：（1）分析软件为 Eviews 6.0；（2）采用的是 pooled EGLS（Period weights）估计方法；（3）＊、＊＊、＊＊＊分别表示的是 10%、5%、1%的显著性水平。

表 4 – 1 显示了如下两个方面的信息。

第一，模型中所列的影响 TFP 增长的因素中，除了政府行为对 TFP 增长的作用是负向的，其他影响 TFP 增长的因素对 TFP 增长的作用都是正向的。

第二，与其他影响 TFP 增长的因素相比，人力资本存量水平对 TFP 增长的促进作用是最大的，但是仅在 10% 的水平上显著；在模型中的几个影响 TFP 增长的因素中，基础设施状况对 TFP 增长的促进作用是第二位的，且在 1% 的水平上显著；经济结构的变化、市场化程度及产权制度变迁、对外开放度变化对 TFP 增长的促进作用依次递减。

根据表 4－1 显示的信息，本书可以得出以下六方面的基本结论。

（1）人力资本极大地促进了 TFP 增长，但仅在 10% 的水平上显著。事实上，人力资本也有可能会出现对 TFP 增长的促进不显著的情形，可能的原因许多学者都在研究，例如，华萍（2005）认为：技术进步和效率提升构成了 TFP 增长，但不同的教育水平对技术进步和效率提升产生的影响是不同的（可能是正的，也可能是负的），而这些不同的影响可能会发生相互抵消的作用，进而发生教育对 TFP 的总体影响呈现统计上不显著的结果。另外，华萍（2005）、彭国华（2005）以及李静（2006）等人通过各自的研究都得出相似的结论：对 TFP 增长具有积极促进作用的是受过高等教育的劳动者。李静（2006）认为，一般来说，受过高等教育的劳动者，相对于仅受过初等或中等教育的劳动者来说，具有更好的领悟和学习能力，能更快、更好地模仿和掌握先进的技术，从而促进 TFP 的进一步提高。仅受过初等教育或中等教育的劳动者，在其掌握的知识达到某个"门槛水平"前，适应新技术、掌握新技术的能力较弱，因而对 TFP 增长几乎没有促进作用。本书使用的是平均受教育年限表征人力资本存量水平，未将教育水平进行分类考虑，因此，对人力资本促进 TFP 增长的统计显著性起到了弱化的作用。

（2）基础设施状况的改善能够显著地促进中国 TFP 的增长。基础设施状况好转，意味着生产环境的改善，不仅可以减少物流成本等生产成本、提高各地区参与国际市场的能力，还能够发挥自身极强的正外部性，对人才、外来投资、信息、技术和其他要素形成强大的吸引力，进而形成良性循环，形成对 TFP 增长的持续促进作用。世界各国经济发展的实践证明，公共基础设施投资充裕的地区，核心竞争力越强，投资回报率和产生的综合效益越高，其集聚和辐射扩散能力也越强。

（3）用非国有经济在工业总产值中的比重来表征的制度变迁和市场化程度，对 TFP 增长的促进作用也非常显著，具体看来，非国有经济比重每增加

1%，就可以带来 TFP 增长率提高 0.059%。

关于中国的非国有经济对 TFP 增长的影响，众多中国学者都认同这样一种观点：与国有企业相比，非国有企业产权更加明晰，削弱了代理成本和内部人控制等问题带来的负面效应，对 TFP 增长具有明显的促进作用。例如，陈觉万、陈章乐（1998）认为，非国有经济的发展能够培育出产权清晰、权责明确、自负盈亏、自我约束的多元化产权主体，对市场竞争作用的发挥以及各种资源使用效率的提高具有积极作用。姚洋（1998）特别强调，非国有经济比重的增大对国有企业运行机制的改变起到了促进作用，使得企业内部管理更高效，促进投入的节约和效率的提高。王小鲁等（2009）的研究表明，以非国有经济比重提高作为替代指标的市场化改革，已经成为中国 TFP 增长的重要因素。并特别强调，非国有经济成分的增加主要会从加剧市场竞争、迫使其他企业提高生产效率和通过对外资的吸引，使先进的生产和管理技术扩散到其他企业中来促进技术进步两个方面对全体企业产生正外部性。

（4）对外开放度的扩大对 TFP 增长具有显著的促进作用。对外贸易和外商直接投资都会对 TFP 增长产生重要的促进作用，大多数的研究认为，外商直接投资对 TFP 增长的促进作用更大，得出这一结论的原因在于外商直接投资的双重作用：既可以带来先进的管理经验和技术，在企业间的中外合作中，促进技术的扩散和溢出；又可以促进国内同类企业间的竞争。这都会对 TFP 增长起到极大的促进作用。

（5）城市化水平是用来表征经济结构变化的，分析结果表明，城市化水平的提高可以积极地促进 TFP 的提高，用具体的数据来描述二者之间的关系，即城市化水平每上升 1 个百分点，就能使得 TFP 增长率提高 0.087%。多数研究例如王小鲁等（2009）；沈坤荣等（2007），证明城市化能够显著地促进经济增长和 TFP 的提高。城市化水平的提高促进了劳动力的非农化迁移，进而引起了经济集聚，并带来了规模经济效应。进一步通过集聚产生的正外部性，促进了整个经济效率的提升和 TFP 增长的加快。

（6）政府支出是表征政府行为的一个替代指标，本书的估算结果显示，其对 TFP 增长的影响显著为负，即中国的政府行为不利于 TFP 增长。事实上，政府行为是一把双刃剑，政府行为对 TFP 增长的影响，确实具有不确定性。在中国，政府的行为，特别是政府支出行为，会引发一系列的寻租、创租行为，当各级政府围绕着这些"租金"而进行利益博弈时，就会出现诸如重复投资、地区间市场壁垒、产业结构雷同等层出不穷的问题，进而造成社会福利的巨大损失和政府支出效率的降低（Young，2000）。

通过对人力资本对 TFP 增长作用效果的估计，本书认为人力资本对 TFP 增长的促进作用很大，人力资本是通过促进 TFP 增长进而促进经济增长的。

二、经济增长影响因素对区域经济增长差异的贡献

基于前面的结论，本书注意到，人力资本作为要素投入对经济增长的贡献并不明显，在证实 TFP 增长对经济增长的作用日益显著的前提下，发现人力资本对 TFP 增长的促进作用很大，因此，本书倾向于人力资本以 TFP 增长为中介促进中国转型期的经济增长。出于以人力资本为研究视角探究区域经济增长差异的产生原因的目的，特别地需要判断人力资本促进经济增长的中介——TFP 增长是否为区域经济增长差异的主要解释因素。需要运用方差分解法来解决这一问题。

方差分解的方法主要有两种：第一种为 K‑R 分解法（Klenow and Rodriguez‑Clare，1997），第二种为 E‑L 分解法（Easterly and Levine，2001）。

为了数据的平稳，对式（4‑7）两边取自然对数，得：

$$\ln y_{it} = \ln TFP_{it} + \alpha \ln k_{it} + (1-\alpha)\ln h_{it} \qquad (4-20)$$

式（4‑20）表明，劳均产出的增长可以分解为 TFP 增长、物质资本增长以及人力资本水平增长三部分。由此，对不同地区在 t 时期的经济增长水平差异也进行类似分解，即对区域经济增长水平的差异进行方差分解。

（一）K‑R 分解方法

K‑R 分解法是对式（4‑20）做如下分解：

$$Var(\ln y_{it}) = Cov(\ln y_{it}, \ln TFP_{it}) + Cov(\ln y_{it}, \alpha \ln k_{it})$$
$$+ Cov[\ln y_{it}, (1-\alpha)\ln h_{it}] \qquad (4-21)$$

其中，Var、Cov 是方差和协方差的符号。

式（4‑21）两边同除以 $Var(\ln y_{it})$ 得到：

$$100\% = \frac{Cov(\ln y_{it}, \ln TFP_{it})}{Var(\ln y_{it})} + \frac{Cov(\ln y_{it}, \alpha \ln k_{it})}{Var(\ln y_{it})} + \frac{Cov[\ln y_{it}, (1-\alpha)\ln h_{it}]}{Var(\ln y_{it})}$$
$$(4-22)$$

式（4 – 22）显示，劳均产出的差异被分解为 TFP 增长差异、劳均物质资本存量差异、劳均人力资本差异的贡献份额三部分。

（二）E – L 分解方法

E – L 分解是将式（4 – 20）做如下分解：

$$Var(\ln y_{it}) = Var(\ln TFP_{it}) + Var(\alpha \ln k_{it}) + Var[(1-\alpha)\ln h_{it}]$$
$$+ 2Cov(\alpha \ln k_{it}, \ln TFP_{it}) + 2Cov[\alpha \ln k_{it}, (1-\alpha)\ln h_{it}]$$
$$+ 2Cov[\ln TFP_{it}, (1-\alpha)\ln h_{it}] \qquad (4-23)$$

式（4 – 23）两边同除以 $Var(\ln y_{it})$ 得到：

$$100\% = \frac{Var(\ln TFP_{it})}{Var(\ln y_{it})} + \frac{Var(\alpha \ln k_{it})}{Var(\ln y_{it})} + \frac{Var[(1-\alpha)\ln h_{it}]}{Var(\ln y_{it})}$$
$$+ \frac{2Cov(\alpha \ln k_{it}, \ln TFP_{it})}{Var(\ln y_{it})} + \frac{2Cov[\alpha \ln k_{it}, (1-\alpha)\ln h_{it}]}{Var(\ln y_{it})}$$
$$+ \frac{2Cov[\ln TFP_{it}, (1-\alpha)\ln h_{it}]}{Var(\ln y_{it})} \qquad (4-24)$$

式（4 – 24）将劳均产出差异分解为 TFP 差异、劳均物质资本差异、劳均人力资本差异的贡献份额以及它们两两之间协方差的贡献份额等六部分。

（三）中国区域经济增长差异的方差分解结果

K – R 分解和 E – L 分解最大的不同，在二者对区域经济增长差异的分解式中得以充分体现。不同之处在于：E – L 分解考虑了三个交互项对劳均产出差异的影响。伊斯特利和莱文（Easterly and Levine，2001）之所以把交互项也考虑进来，是因为他们认为要素积累对经济增长的贡献份额中也有可能是由 TFP 的改善所引致的或者是两者相互影响的结果。

根据式（4 – 12）计算得出 $\alpha = 0.628$，将中国省际经济差异进行方差分解后的结果见表 4 – 2。

表 4 – 2 显示，运用 K – R 分解的结果是：物质资本积累的区域差异对区域经济增长的地区差异贡献率最高，其次是 TFP 增长的区域差异，人力资本的要素投入差异对区域经济增长差异的贡献率最低。运用 E – R 分解方法得出的结果均小于 K – R 分解方法得出的结果。

表 4 – 2 　　　　投入要素及 TFP 增长对中国区域经济增长差异的贡献　　　单位:%

年份	K – R 分解			E – L 分解					
				协方差					
	物质资本	人力资本	TFP	物质资本与人力资本	物质资本与TFP	人力资本与TFP	物质资本	人力资本	TFP
1978	49.17	5.45	45.38	6.01	15.87	2.87	39.12	1.01	35.12
1979	49.02	7.86	43.12	6.23	15.43	3.36	38.87	1.24	34.87
1980	48.36	11.27	40.37	6.37	15.62	2.66	38.64	1.28	35.43
1981	49.57	7.59	42.84	7.62	14.86	6.81	37.43	1.17	32.11
1982	48.13	9.89	41.98	7.86	16.01	6.59	38.42	1.23	29.89
1983	49.36	7.05	43.59	7.91	16.49	7.03	38.32	1.83	28.42
1984	47.12	12.67	40.21	7.32	17.83	5.98	39.13	1.37	28.37
1985	48.76	9.92	41.32	7.03	18.93	7.51	38.43	1.27	26.83
1986	49.12	8.35	42.53	7.84	20.13	6.45	38.64	1.46	25.48
1987	47.35	9.54	43.11	8.04	19.47	5.06	37.23	1.38	28.82
1988	49.83	7.16	43.01	7.37	19.86	5.46	36.48	1.52	29.31
1989	49.96	9.17	40.87	7.86	20.17	6.12	35.72	1.49	28.64
1990	51.02	12.02	36.96	7.91	20.93	7.50	33.97	2.38	27.31
1991	51.99	9.39	38.62	8.42	20.98	7.62	33.58	2.02	27.38
1992	50.40	9.88	39.72	8.74	21.38	7.47	32.49	1.39	28.53
1993	48.14	11.70	40.16	9.03	23.78	5.68	33.51	1.69	26.31
1994	49.86	7.83	42.31	9.16	26.42	7.69	29.83	2.03	24.87
1995	49.53	10.10	40.37	9.73	28.47	5.99	30.13	1.94	23.74
1996	49.14	11.00	39.86	9.94	29.53	4.94	28.76	2.02	24.81
1997	49.16	12.11	38.73	10.03	31.93	5.03	27.46	1.73	23.82
1998	50.15	10.43	39.42	10.06	34.05	5.99	26.51	1.21	22.18
1999	48.43	10.72	40.85	10.31	35.63	4.25	24.38	1.24	24.19
2000	50.67	7.95	41.38	9.78	35.83	7.37	24.63	1.03	21.36
2001	49.87	11.55	38.58	9.52	36.82	6.67	25.21	1.07	20.71
2002	51.32	8.97	39.71	9.04	37.02	4.43	25.18	1.09	23.24

续表

年份	K-R分解			E-L分解					
	物质资本	人力资本	TFP	协方差			物质资本	人力资本	TFP
				物质资本与人力资本	物质资本与TFP	人力资本与TFP			
2003	49.74	9.43	40.83	8.95	36.58	5.20	22.43	1.11	25.73
2004	51.34	7.29	41.37	8.52	36.83	5.55	24.38	1.08	23.64
2005	48.12	11.67	40.21	8.42	38.52	6.13	23.07	1.54	22.32
2006	49.38	10.95	39.67	8.07	37.42	5.12	24.97	1.06	23.36
2007	48.32	13.09	38.59	7.03	37.01	6.54	25.84	1.21	22.37
2008	47.77	11.91	40.32	7.35	36.02	7.15	24.91	1.11	23.46
2009	50.31	9.56	40.13	7.62	35.93	7.94	24.82	0.98	22.71
2010	49.87	10.30	39.83	7.81	36.21	7.20	24.99	0.94	22.85
2011	49.16	9.63	41.21	7.06	35.02	7.23	25.63	1.32	23.74
平均值	49.40	9.81	40.80	8.23	27.15	6.02	30.97	1.40	26.23

在 K-R 分解方法下，1978~2011 年间物质资本积累的区域差异对区域经济增长差异的平均贡献率为 49.4%，TFP 增长的区域差异对区域经济增长差异的平均贡献率为 40.80%，人力资本区域差异对区域经济增长差异的平均贡献率为 9.81%；在 E-L 分解方法下，物质资本积累的区域差异对区域经济增长差异的平均贡献率为 30.97%，TFP 增长的区域差异对区域经济增长差异的平均贡献率为 26.23%，人力资本区域差异对区域经济增长差异的平均贡献率为 1.4%。

另外，E-L 分解方法将交互项的影响差异也纳入区域经济增长差异的分解中，其中，1978~2011 年物质资本与 TFP 增长的交互影响差异对区域经济增长差异的平均贡献为 27.15%，人力资本与 TFP 增长的交互影响差异对区域经济增长差异的平均贡献为 6.02%，人力资本与物质资本的交互影响差异对区域经济增长差异的平均贡献为 8.23%。可以发现，物质资本与 TFP 增长的交互影响差异对区域经济增长差异的贡献最大，且呈不断扩大趋势。

表 4-2 的结果显示，人力资本区域差异对区域经济增长差异的贡献相对较小，事实上，中国区域经济增长差异的分解过程，仅仅捕捉到了人力资本

作为要素投入的差异对区域经济增长差异所做的贡献。结果再一次提示我们，要厘清人力资本如何解释区域经济增长差异，必须从人力资本促进经济增长的间接机制去考虑问题。

关于物质资本积累和 TFP 增长何为解释区域经济差异的第一重要因素，在本部分并未得出确切的结论，但是，本书并不能因此而否认二者对区域经济差异的重要解释作用。前述增长核算方程得出的结果清楚地告诉我们，物质资本积累和 TFP 增长都是经济增长最重要的直接推动因素。巴里和苏三（Barry and Susan，2003）就曾提道："片面强调物质资本积累和 TFP 增长的任何一方都无助于我们洞察经济增长的过程"。所以，本书认为：尽管物质资本积累和 TFP 提高对解释区域经济差异的相对重要性并未形成定论，但二者既是经济增长的直接推动力，又是解释区域经济差异的最为重要的直接因素却是不可否认的事实。而且，TFP 的提高对物质资本积累具有极为重要的引致作用。所以，在解释中国区域经济差异的过程中，一定要考虑到经济转型期的特殊性，既要重视物质资本积累的重要作用，又不能忽视 TFP 增长的重要性，特别是应该把二者建立起内在联系来考虑中国转型期的区域经济差异问题。

三、人力资本作用于经济增长传导机制的构想

（一）传导机制构想的提出

前面分析强调了这样一个观点：中国经济转型期经济增长的第一驱动因素是物质资本积累，TFP 增长对中国经济转型期经济增长的促进作用愈益显著，成为促进中国区域经济增长的第二大驱动因素，人力资本对 TFP 增长具有积极的促进作用，因此，人力资本通过 TFP 增长间接促进中国经济转型期的经济增长。

另外，通过方差分解，本书发现一个事实：物质资本积累差异和 TFP 增长差异对区域经济增长差异的贡献几乎是不分伯仲，特别是 E－L 分解显示出物质资本与 TFP 增长交互项的差异对区域经济增长差异的贡献越来越大，并认为 TFP 增长可以引致物质资本积累。

前面观点和方差分解结果显示的事实表明：人力资本通过 TFP 增长这一中介可以引致物质资本积累，进而促进中国的经济增长。

于是，本书摸索出人力资本促进经济增长的传导机制：人力资本→TFP增长→要素积累→经济增长。这一传导机制与中国经济转型期的特点耦合的很好。既考虑到了人力资本对 TFP 增长的积极促进作用，又符合中国经济转型期要素积累驱动经济增长的特点。

（二）传导机制关键环节的分析

该传导机制中的上游环节——人力资本→TFP 增长及下游环节——要素积累→经济增长，都易于理解其作用效果，该传导机制的关键在于 TFP 增长→要素积累是如何实现的？

本书采用逆推的方式，思考要素积累的决定因素是什么？从市场机制的角度，要素的边际生产率水平是决定要素积累量的重要因素。于是本书分析 TFP 增长是否与要素边际生产率水平存在重要的联系。

1. 生产函数的设定

本书的目的是判断 TFP 增长与要素边际生产率之间是否存在联系，因此，生产函数设为索洛模型形式，其函数是为：

$$Y_{it} = A_{it}K_{it}^{\alpha}L_{it}^{\beta} \qquad (4-25)$$

其中，Y_{it}、A_{it}、K_{it}、L_{it} 分别为 i 省 t 年的总产出、TFP 水平、物质资本存量和劳动力投入；α、β 分别表示物质资本和劳动力投入的产出弹性。

2. TFP 水平与要素边际生产率的关系

根据式（4-25），物质资本、劳动的边际生产率和 TFP 水平可以写成如下形式：

$$MPK_{it} = \alpha A_{it}K_{it}^{\alpha-1}L_{it}^{\beta} = \alpha \frac{Y_{it}}{K_{it}} \qquad (4-26)$$

$$MPL_{it} = \beta A_{it}K_{it}^{\alpha}L_{it}^{\beta-1} = \beta \frac{Y_{it}}{L_{it}} \qquad (4-27)$$

$$TFP_{it} = \frac{Y_{it}}{K_{it}^{\alpha}L_{it}^{\beta}} \qquad (4-28)$$

式（4-26）中，MPK_{it} 表示物质资本的边际生产率水平；式（4-27）中，MPL_{it} 表示劳动投入的边际生产率水平。

式（4-26）、式（4-27）显示，物质资本和劳动投入的边际生产率水平均与 TFP 水平有直接的联系。

假设生产过程是规模报酬不变的，那么，式（4 - 26）、式（4 - 27）变为：

$$MPK_{it} = \alpha A_{it} K_{it}^{\alpha-1} L_{it}^{1-\alpha} = \alpha A_{it} \left(\frac{K_{it}}{L_{it}}\right)^{\alpha-1} \tag{4 - 29}$$

$$MPL_{it} = (1 - \alpha) A_{it} K_{it}^{\alpha} L_{it}^{(1-\alpha)-1} = (1 - \alpha) A_{it} \left(\frac{K_{it}}{L_{it}}\right)^{\alpha} \tag{4 - 30}$$

式（4 - 29）表明，物质资本的边际生产率水平与 TFP 水平正相关，与资本劳动比负相关；式（4 - 30）显示，劳动投入的边际生产率水平与 TFP 水平、资本劳动比均正相关。

3. 传导机制完整环节的得出

通过上述分析，本书认为完善的人力资本间接作用于经济增长的传导机制为：人力资本→TFP 增长→TFP 水平→要素边际生产率→要素积累→经济增长。

至此，本书认为人力资本对经济增长的间接作用机制如图 4 - 1 所示。

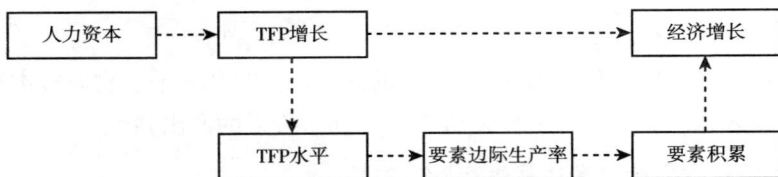

图 4 - 1　人力资本以 TFP 为中介的传导机制

图 4 - 1 显示了人力资本间接促进经济增长的作用机制：一方面，人力资本通过促进 TFP 增长，进而 TFP 增长促进经济增长而间接地作用于经济增长；另一方面，人力资本通过促进 TFP 增长，使得 TFP 水平提高，进而使得要素边际生产率水平提高，而后造成要素的积累，通过要素积累这一驱动经济增长的主要因素促进经济增长。

这一传导机制的得出，充分体现了人力资本在中国经济转型期对中国经济增长的间接作用机制，更为详细地描述了人力资本作用于经济增长的具体路径，对于进一步在此机制下利用人力资本差异解释区域经济增长差异提供理论依据。

第四节　本章小结

第一，采用卢卡斯人力资本外溢模型对经济增长的主要决定因素进行基本判断，得出基本结论：中国经济转型期的经济增长是由要素积累，特别是物质资本积累驱动的，人力资本对经济增长具有促进作用，但是其作用效果没有理论中阐述的那么大。因此，本书认为：人力资本作为要素投入对经济增长的作用效果不强，可能是源于中国转型期不完善的制度的约束，未能充分调动劳动者的积极性，造成人力资本潜能发挥大打折扣。另外，存在与之并行的可能性，即人力资本对中国转型期经济增长的巨大促进作用是通过间接机制发挥的。

第二，根据内生经济增长理论，将人力资本视为技术进步的内生原因，对技术进步促进经济增长的作用效果进行检验，发现：广义的技术进步即 TFP 增长，对中国经济转型期的经济增长促进作用非常显著，仅次于物质资本积累。于是，本书作出基本判断，认为人力资本有可能是以 TFP 增长为中介间接促进经济增长。

第三，构建人力资本作用于 TFP 增长的经济模型，在模型中加入制度变迁、基础设施状况等控制变量，以中国经济转型期的面板数据为基础，分析人力资本对 TFP 增长的作用效果，发现：人力资本对 TFP 增长具有很强的促进作用，确认中国经济转型期的人力资本是以 TFP 增长为中介间接促进经济增长。

第四，运用方差分解的方法判断各影响经济增长的直接因素对区域经济增长差异的贡献份额，发现：物质资本积累差异和 TFP 增长差异对区域经济增长差异的贡献份额都很大，不分伯仲，但人力资本作为要素投入对区域经济增长差异的贡献份额不大；通过对 E－L 分解结果的分析，得出 TFP 增长对物质资本积累具有引致作用的判断。

第五，以 TFP 增长对物质资本积累具有引致作用为思路的起点，构建人力资本以 TFP 增长为中介间接促进经济增长的传导机制构想，初步构想是：人力资本→TFP 增长→要素积累→经济增长。通过对传导机制关键环节——TFP 增长→要素积累的分析，将该传导机制逐步完善，得出完整的传导机制——人力资本→TFP 增长→TFP 水平→要素边际生产率→要素积累→经济增长。

人力资本以 TFP 增长为中介，间接促进经济增长的完整传导机制的得出，充分体现了人力资本在中国经济转型期对中国经济增长的间接作用机制，更为详细地阐述了人力资本间接作用于经济增长的具体路径，对于进一步在此机制下利用人力资本差异解释区域经济增长差异提供了理论依据。

至此，本书厘清了人力资本传导机制中促进区域经济增长的直接因素和最终因素，对进一步从人力资本角度分析区域经济差异的形成具有重要的现实意义。

第五章 人力资本传导机制下的区域经济差异分析

第一节 TFP水平、要素边际生产率与区域经济差异

本章的主要研究内容为：运用人力资本间接促进经济增长的传导机制，分析区域经济差异的成因。在分析过程中，为了分析的便利，沿用前文的做法，选择东部发达地区的浙江省和西部欠发达地区的甘肃省作为区域样本。

一、TFP水平、物质资本边际生产率与区域经济差异

（一）模型的设定及分析

由于探讨的仅是人力资本间接促进经济增长传导机制的特定环节，所以，本书将生产函数设定为规模报酬不变的 C–D 函数形式：

$$Y_{it} = A_{it}K_{it}^{\alpha}L_{it}^{1-\alpha} \tag{5-1}$$

其中，Y_{it}、A_{it}、K_{it}、L_{it} 分别为 i 省 t 年的总产出、TFP水平、物质资本存量和劳动力投入；α 表示物质资本的产出弹性。

进一步，物质资本的边际生产率水平和劳动投入的边际生产率水平可以表示为：

$$MPK_{it} = \alpha A_{it}K_{it}^{\alpha-1}L_{it}^{1-\alpha} = \alpha A_{it}\left(\frac{K_{it}}{L_{it}}\right)^{\alpha-1} \tag{5-2}$$

$$MPL_{it} = (1-\alpha)A_{it}K_{it}^{\alpha}L_{it}^{-\alpha} = (1-\alpha)A_{it}\left(\frac{K_{it}}{L_{it}}\right)^{\alpha} \tag{5-3}$$

对式（5-1）两边同时除以 L_{it}，得到：

$$y_{it} = A_{it}k_{it}^{\alpha} \qquad (5-4)$$

其中，y_{it} 是劳均产出；k_{it} 是劳均物质资本存量。把式（5-4）改写成对数形式：

$$\ln y_{it} = \ln A_{it} + \alpha \ln k_{it} \qquad (5-5)$$

其中，y_{it} 是指劳均产出，由 $y_{it} = \dfrac{Y_{it}}{L_{it}}$ 计算得出，k_{it} 是指劳均物质资本，由 $k_{it} = \dfrac{K_{it}}{L_{it}}$ 计算得出。数据来源于《新中国六十年统计资料汇编》（2009）、《中国统计年鉴》（1978～2012）及中国 1978～2012 年各省（区、市）的统计年鉴资料。K_{it} 的处理方法已在第四章中做了详细说明，不再赘述。通过回归分析法可得到式（5-5）中物质资本存量的产出弹性系数，进而得到劳动的产出弹性系数。

（二）模型估计与结果分析

首先基于中国 30 个省（区、市）的经济数据对模型进行 F 检验和卡方检验，检验结果为：拒绝不存在固定效应的原假设。本书采用 Panel-Data 的固定效应模型估计式（5-5）中的相关参数，估计结果见表 5-1。表 5-1 中的第 1 列为运用普通最小二乘法（OLS）得出的函数估计结果，我们发现物质资本与劳动力的系数均为正且统计显著。但是，考虑到面板回归方程可能存在异方差和自相关，于是，为了避免估计结果的无效性，采用似然比检验，对回归方程是否存在异方差和自相关进行诊断。诊断得出的结果表明，

表 5-1   生产函数回归结果

被解释变量 $\ln Y_{it}$	OLS	FGLS
Const.	1.716 *** (26.73)	2.437 *** (10.87)
$\ln K_{it}$	0.712 *** (127.83)	0.632 *** (59.12)
$\ln L_{it}$	—	—
R^2	0.9764	0.7632
obs	1020	1020

注：第 1 列括号中数值为 t 检验值，第二列括号中数值为 Z 检验值；*** 代表 1% 的显著性水平。

该回归方程既存在异方差，又存在自相关。因此，为了纠正异方差和一阶自相关，本书采用广义最小二乘法（FGLS），广义最小二乘法的修正模型结果见表 5 – 1 的第 2 列。

表 5 – 1 显示，物质资本产出弹性系数为 0.632，于是我们结合式（5 – 2）计算 1978 ~ 2011 年浙江省与甘肃省资本劳动比①和 TFP 水平②，进而计算出 1978 ~ 2011 年浙江省与甘肃省的物质资本边际生产率水平，根据计算结果分别绘制图 5 – 1、图 5 – 2 和图 5 – 3。

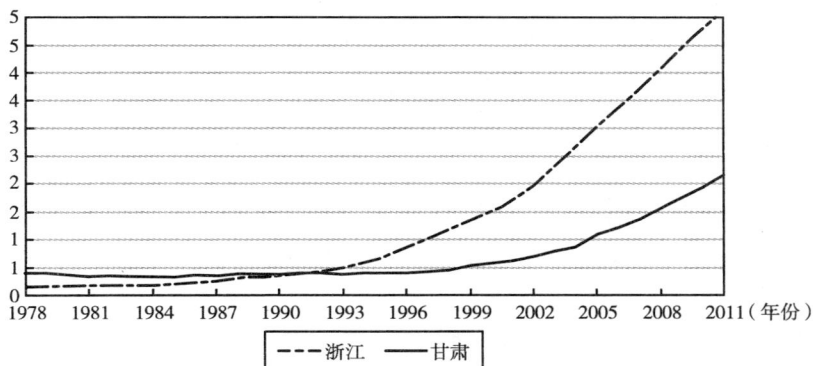

图 5 – 1　浙江与甘肃资本劳动比变动对比

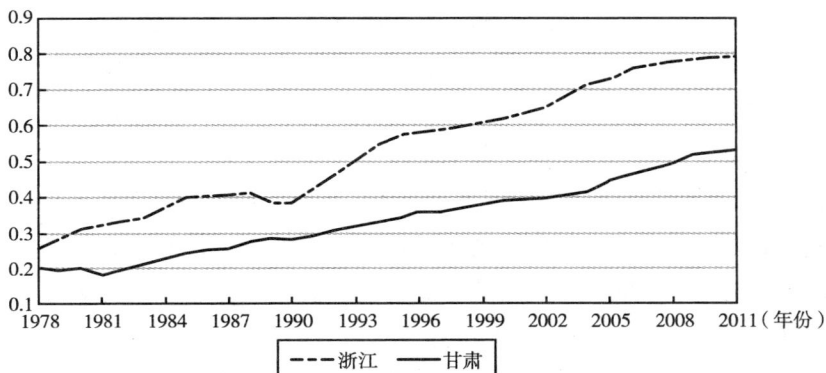

图 5 – 2　1978 ~ 2011 年浙江与甘肃 TFP 水平变动对比

---

①　资本劳动比的计算式为：$\dfrac{K_{it}}{L_{it}}$。

②　根据表 5 – 1 已知 $\alpha = 0.632$，然后根据公式 $\ln TFP_{it} = \ln Y_{it} - \alpha \ln K_{it} - (1 - \alpha) \ln L_{it}$ 计算出 $TFP_{it} = \exp(\ln TFP_{it})$。

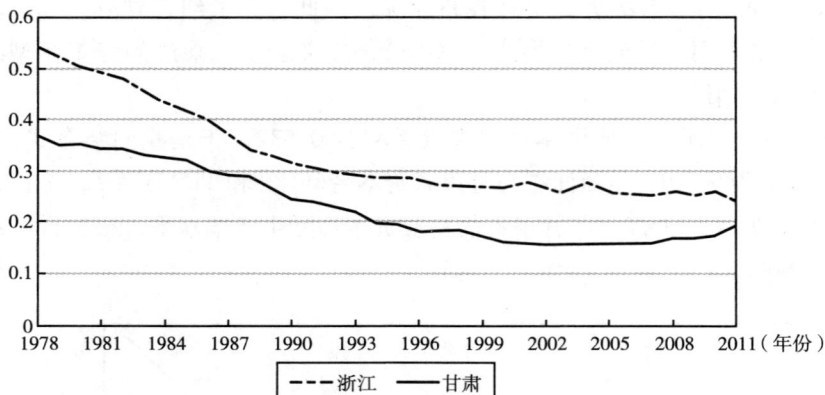

图 5 – 3 浙江与甘肃 1978 ~ 2011 年的物质资本边际生产率水平变动对比

图 5 – 1 显示，浙江与甘肃两省的资本劳动比在 1978 ~ 1992 年比较平稳，1992 年以后则均表现为上升态势，特别是浙江省的资本劳动比上升速度更快。

图 5 – 2 显示，浙江与甘肃两省的 TFP 水平均呈现上升趋势，1990 年以后两省 TFP 水平上升速度加快且比较稳定，但二者在 TFP 水平上存在很大差距。

图 5 – 3 显示，浙江省与甘肃省的物质资本边际生产率水平在 1978 ~ 1990 年间均快速下降，浙江省下降的速度快于甘肃省下降的速度；1990 年后下降速度均放缓，物质资本边际生产率水平均保持在相对稳定的水平，但浙江省的物质资本边际生产率水平要高于甘肃省。

图 5 – 3 直观地显示：物质资本边际生产率水平在发达地区和欠发达地区之间的区域差异是存在的，发达地区的物质资本边际生产率水平高于欠发达地区，目前两地区之间存在稳定的差距，但未来有差距缩小的可能性。

式（5 – 2）表明，物质资本边际生产率水平的变化既与资本劳动比有关，又与 TFP 水平有关。一方面，由于物质资本边际收益递减规律的作用，随着资本劳动比的提高，物质资本的边际生产率水平会降低；另一方面，TFP 水平的提高会带来物质资本边际生产率水平提高的效果。资本劳动比和 TFP 水平的变化趋势对物质资本边际生产率水平的变动具有重要的影响。图 5 – 3 的形状特征是由图 5 – 1 和图 5 – 2 共同决定的，由于两省的资本劳动比都呈上升趋势，物质资本边际生产率水平之所以能够保持稳定，一定是 TFP

水平所起的关键作用造成的结果。

这说明，浙江省的物质资本边际生产率水平能够保持稳定，而不是快速下降，原因在于浙江省的 TFP 水平上升速度比资本劳动比的上升速度还要快。这表明，TFP 水平是延缓物质资本边际生产率水平下降，使其维持在较高水平的关键因素。自改革开放以来，浙江省的 TFP 水平一直高于甘肃省，特别是 1990 年以后，浙江省的 TFP 水平与甘肃省的 TFP 水平差距拉得更大。因此，即便浙江省的资本劳动比要高于甘肃省，但总体而言，其资本边际生产率水平仍高于甘肃省。显而易见，较高的 TFP 水平是导致物质资本（外资、民间资本等）向浙江省流动的主要原因，浙江省也因此而获得了更快的资本积累，进而更快地经济增长。

事实上，资本（无论是物质资本还是人力资本）都具有趋利性特点，哪里能获得更高的收益率，其就会流向哪里。中国学者王小鲁、樊纲（2004）就曾指出："在整个 20 世纪 90 年代，外资的 85% 以上都集中在东部地区，直到 2000 年也没有改变。"武剑（2002）对这一现象的原因进行分析，认为造成这种现象的原因在于东部地区的投资回报率要高于中西部地区。

根据我们的考察，民间资金通过资本市场趋向于从边际收益率较低的中、西部地区流向边际收益率较高的东部地区。而银行资金由于受到政策和现有体制的约束，虽然总体上由东部地区向中、西部流动，但由于受利益的驱动，随即资本又由收益率低的中、西部地区反向流回到收益率高的东部地区，最后导致边际收益较高地区的物质资本积累相对较为丰富、要素投入的效率比较高、产业结构得以优化，进而经济增长的速度明显较快。

总之，由于 TFP 水平的东、西部差异，浙江省等位于东部发达地区的省份与甘肃省等位于欠发达的西部内陆地区的省份相比，资金收益率较高，因此，东部地区对资金具有强大的吸引力，落后地区的资金会通过各种途径（明的或暗的）流动东部，且流量越来越大①。这种资金流动趋势促进了东部经济发展的良性循环②，然而，却将西部推向经济低水平恶性循环的怪圈③。

---

① 可以说，这是 20 世纪 80 年代以前，中国中央政府虽然作出了种种再分配努力，但其缩小地区差别的实际效果却不明显的重要原因。

② 东部地区社会资金流量大，资本积累能力强，导致经济快速发展，资金形成充足，资本积累更多，经济发展更快速，出现经济发展的良性循环。

③ 西部地区资本积累水平低，导致投资水平低，进一步导致经济发展速度慢，产出水平低，资本形成更加不足，于是陷入低水平恶性循环。

综上所述，TFP 水平是影响物质资本边际生产率水平、物质资本积累和经济增长的重要因素。一个地区的 TFP 水平越高，就越能使其物质资本边际生产率保持在较高的水平上，从而吸引物质资本流向该地区，促进其物质资本的积累。随着物质资本积累的增加，物质资本边际收益递减规律开始发生作用，但 TFP 水平的进一步提高会抵消这种收益递减的作用，这样该地区就能继续吸引物质资本流入，保持其较高的资本积累水平，从而获得经济的持续增长。由此可知，地区差异的缩小有赖于落后地区物质资本边际生产率水平的提高，而提高落后地区的 TFP 水平则是提高其物质资本边际生产率水平的关键。事实上，通过提高落后地区的 TFP 水平，进而提高其物质资本边际生产率水平的做法，既能提高效率，又能兼顾公平。①

二、TFP 水平、劳动边际生产率与区域经济差异

劳动力具有与物质资本相同的流动特点。二者均倾向于由边际生产率水平低的地区流向边际生产率水平高的地区。边际生产率递减规律既适用于物质资本，又适用于劳动，因此，劳动力的流动能够对区域间劳动的边际生产率水平起到拉平的作用。当发达地区集聚了大量的劳动力，最终会使得该地区劳动的边际生产率水平下降；而欠发达地区劳动力的流失，最终会使得该地区劳动的边际生产率水平上升。当劳动的边际生产率水平在区域间存在高低差别的情况下，劳动力，特别是高素质的劳动力会流向落后地区，从而促进落后地区的劳动力积累。劳动力的积累会对落后地区的经济增长起到促进作用，进一步对落后地区追赶发达地区的经济增长起到促进作用。

利用表 5-1 中第 2 列的回归结果，物质资本的产出弹性系数为 0.632，则劳动的产出弹性系数为 0.368，结合式（5-3）并根据计算出的资本产出比和 TFP 水平数据，计算 1978 ~ 2011 年间浙江与甘肃两省劳动的边际生产率水平，绘制图 5-4，以直观地反映浙江与甘肃两省劳动边际生产率水平的变动趋势。

与物质资本边际生产率的下降趋势相反，浙江与甘肃两省的劳动边际生产率水平在自 1978 年开始的中国经济转型期，均呈现出不断上升的趋势，同

---

① 如果落后地区的资本边际生产率高于发达地区，那么资本向落后地区的流动会在提高其配置效率的同时，增加落后地区的资本积累，从而增加其经济增长水平，达到实现公平的目的。

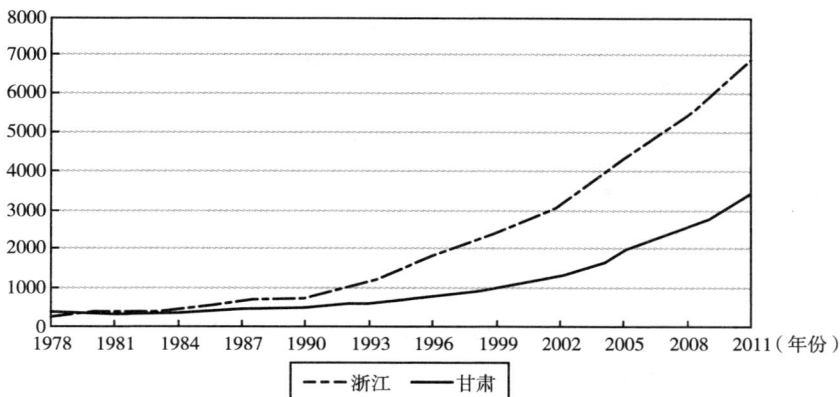

图 5 - 4　浙江与甘肃劳动边际生产率水平变动对比

时，两省之间的劳动边际生产率水平的区域差异不断扩大。

式（5 - 3）显示，劳动边际生产率水平与 TFP 水平成正比，与资本劳动比也成正比，图 5 - 1 和图 5 - 2 表明浙江省与甘肃省的资本劳动比都呈上升趋势，特别是浙江省的资本劳动比，在 1990 年以后显著地高于甘肃省，且二者的差异越来越大。浙江省与甘肃省的 TFP 水平也呈现出上升的趋势，特别是 1990 年以后，均表现出稳定的上升趋势，因此，根据式（5 - 3），浙江省与甘肃省的劳动边际生产率水平也成上升变动趋势，特别是 1990 年以后，两省劳动边际生产率上升的速度明显加快，但也表现出两省之间差异的扩大。

综上，我们认为东部发达地区的浙江省具有更高的劳动边际生产率水平，而西部欠发达地区的甘肃省的劳动边际生产率水平则相对较低，这也是浙江吸引了大量劳动力而甘肃流失了大量劳动力的主要原因，基于此，浙江获得了大量的劳动要素积累。19 世纪 80 年代初，就全中国范围内而言，外出打工的农民不足 200 万人，但 19 世纪 80 年代中期之后，大规模的农村劳动力开始了跨地区的流动。据杨云彦（1999）估计，1993 年中国农村劳动力跨地区流动的规模达到 6000 万人，数量占到了当时中国农村劳动力的 14%，其流动方向表现为自西向东。王小鲁、樊纲（2004）经过统计发现，到 2000 年，中国农村转移到非农产业的劳动力总数达到 1.134 亿人，占农村劳动力总数的 23.6%。在跨省流动总数中，从中西部流入东部地区的占 74.5%。鲍曙明等（2005）对中国 1982 年、1990 年、2000 年人口普查资料和 1987 年、1995 年 1% 全国人口抽样调查资料进行整理发现，东部地区是唯一的迁移人口净增长地区。

　　总之，浙江省较高的 TFP 水平，一方面减缓了物质资本边际生产率水平的下降趋势，并使其保持在较高的水平，促使物质资本的流入和积累；另一方面，对促进劳动边际生产率水平提高具有积极的促进作用，引致大量的劳动力流入，增加了劳动的积累。物质资本和劳动力一边倒的流入，促使浙江省在获得丰富的物质资本投入的同时，还获得了与之匹配的劳动力，进一步提高了物质资本的使用效率。与此同时，浙江兼具了劳动力成本较低的比较优势，对该地区的经济增长起到了更好的促进作用。

　　王桂新、黄颖钰（2005）通过研究认为：省外劳动力的大规模迁入，对东部省份劳动力供应不足的缺陷起到了很好的弥补作用，经数据分析发现，由省外迁入的劳动力推动 GDP 增长了 10% 以上，其对东部地区 GDP 增长的贡献度高达 15%。然而，欠发达的西部地区较低的劳动边际生产率，带来了愈演愈烈的"孔雀东南飞"现象，致使西部地区出现了高素质劳动力短缺的现象。基于上述分析，本书认为，除了物质资本短缺以外，西部地区经济增长缓慢的又一重要原因就是高素质劳动力的短缺。段平忠、刘传江（2005）基于上述分析，得出结论：人口流动的区域差异与经济增长的区域差异几乎具有同步变化的趋势。基于此，我们认为，在缩小东、西部区域经济增长差异的过程中，学者和政策制定者应该对如何留住和吸引西部地区经济发展所需的人才这一问题加以重视。

三、缩小区域经济差异的重要传导环节

　　前述的分析提示我们：落后地区 TFP 水平的提高是其物质资本边际生产率水平提高和劳动边际生产率水平提高的关键因素，对实现生产要素向落后地区回流，从而增加落后地区的物质资本积累与劳动积累，进而提高其经济增长水平，缩小区域经济差异具有至关重要的作用。提高落后地区的要素边际生产率水平既能留住落后地区经济发展所需的物质资本和劳动力，特别是高素质劳动力，又不至于损失各要素的配置效率。唯有如此，落后地区才能实现对发达地区的追赶，进一步缩小区域经济差异程度。由此可见，TFP 增长的区域差异是区域经济差异形成的关键环节。

　　事实上，生产要素边际生产率水平的高低取决于 TFP 水平的高低，决定TFP 水平高低的是 TFP 增长状况，而 TFP 增长的主要决定因素是人力资本，所以，人力资本对 TFP 增长的作用机制分析成为缩小区域经济差异的重要环

节，至此，本书找到缩小区域经济差异的重要传导环节，即人力资本→TFP
增长。

第二节　人力资本存量对 TFP 增长的作用分析

根据前面的论述，已知 TFP 增长就是广义的技术进步，而技术进步主要
源于技术创新和技术模仿。本部分力图有的放矢，找到人力资本作用于 TFP
增长的机制，进而找到缩小区域间 TFP 增长差异的对策。因此，着重探讨人
力资本存量水平、各层次类型人力资本①促进 TFP 增长的作用机制究竟为何，
是以促进技术创新为主还是以促进技术模仿为主。

一、人力资本存量水平促进 TFP 增长的作用机制

（一）模型的构建

设定人力资本是技术创新或技术模仿的源泉，假定生产函数为：

$$Y_{it} = A_{it}(H_{it})K_{it}^{\alpha}L_{it}^{\beta} \tag{5-6}$$

其中，广义的技术进步 A_{it} 被内生地给定：

$$\frac{A_{it} - A_{it-1}}{A_{it-1}} = \delta H_{it-1} + \mu H_{it-1}\frac{A_{t-1}^{*} - A_{it-1}}{A_{it-1}} \tag{5-7}$$

其中，δ 为技术创新系数；μ 为技术模仿系数；A^{*} 是技术边界，本书假定最
发达省份的技术水平就是技术边界，式（5-6）中人力资本并不是作为最终
产品生产的投入要素而是作为技术创新或模仿的源泉计入增长方程。

将式（5-6）两边取对数差分，并将式（5-7）代入，得到：

$$\ln\left(\frac{Y_{it}}{Y_{it-1}}\right) = \alpha_0 + (\delta - \mu)H_{it-1} + \mu H_{it-1}\left(\frac{y_{t-1}^{*}}{y_{it-1}}\right)$$
$$+ \alpha\ln\left(\frac{K_{it}}{K_{it-1}}\right) + \beta\ln\left(\frac{L_{it}}{L_{it-1}}\right) + \varepsilon_{it} \tag{5-8}$$

---

① 人力资本具有异质性特点，所以，不同层次类型的人力资本对 TFP 增长的作用机制应该会有
区别。

其中，Y_{it} 表示第 i 省第 t 年的总产出，K_{it} 表示第 i 省第 t 年的物质资本存量，L_{it} 表示第 i 省第 t 年的劳动投入数量，H_{it} 表示第 i 省第 t 年的人力资本平均水平，y 表示劳均产出；y^* 代表整个中国最发达省份的劳均产出，一般来讲，劳均产出越高的地区，其技术水平也是越高的，因此，本书以 y^* 来表示技术边界。

式（5-8）中 $(\delta - \mu)H_{it-1}$ 是对人力资本的技术创新作用的刻画，$\mu H_{it-1}\left(\dfrac{y_{t-1}^*}{y_{it-1}}\right)$ 是对人力资本的技术模仿作用的刻画。

（二）指标说明及数据来源

第一，总产出 Y_{it}，用中国 30 个省（区、市）的地区生产总值来表示。为了消除通货膨胀因素的影响，利用地区生产总值指数对其进行平减，相关数据来源于《中国统计年鉴》（1979~2012）、1979~2012 年中国各省（区、市）的统计年鉴和《新中国六十年统计资料汇编》（2009）。

第二，人力资本存量水平 H_{it}，用中国 30 个省（区、市）就业人员的人力资本平均水平来表示，具体计算方法详见第三章。

第三，物质资本存量 K_{it}，用中国 30 个省（区、市）就业人员的物质资本存量来表示，具体计算方法详见第三章。

第四，劳动投入 L_{it}，与第三章相同，将中国 30 个省（区、市）的年末就业人口数作为劳动力要素的投入量。

第五，劳均产出 y_{it}，中国 30 个省（区、市）经消胀处理后的总产出与年末从业人员数的比值，数学计算式为 $\dfrac{Y_{it}}{L_{it}}$。

第六，最发达省份的劳均产出，由于上海市的劳均产出在全国各省（区、市）的劳均产出中稳居第一位，因此，选取上海的劳均产出作为技术边界 y^*。

（三）实证结果与分析

根据式（5-8），运用中国 30 个省（区、市）1978~2011 年的相关数据进行面板数据模型分析，在验证数据平稳性的基础上，运用 Hausman 检验来判断固定效应和随机效应谁更有效，研究发现，对人力资本存量水平而言，采用固定效应模型更有效。因此，本书采用固定效应模型进行面板数据模型分析，得出结果如表 5-2 所示。

表 5-2 显示了一个重要内容，即：人力资本存量水平主要是通过技术创

新机制而不是技术模仿和技术扩散机制①促进 TFP 增长的。这表明：人力资本存量水平越高的区域，人力资本对技术创新的作用就越大，技术创新是技术进步的重要源泉，同时，技术创新会对其他地区产生巨大的外部"溢出效应"，进而带来整个社会的生产效率的提高，从而保证了收益递增的持续增长。因而，在人力资本存量水平主要是通过技术创新机制促进 TFP 增长的情况下，本书认为：普及义务教育，努力提高落后地区的人力资本存量水平，是落后地区追赶发达地区的一个重要措施。

表 5 – 2　　　　　人力资本平均水平对技术创新及技术模仿的影响

解释变量	FE
const.	– 0.046 *** (– 3.22)
$\ln\left(\dfrac{K_{it}}{K_{it-1}}\right)$	0.328 *** (8.08)
$\ln\left(\dfrac{L_{it}}{L_{it-1}}\right)$	0.055 *** (2.86)
H_{it-1}	0.014 ** (5.93)
$H_{it-1}\left(\dfrac{y_{t-1}^{*}}{y_{it-1}}\right)$	– 0.0002 (– 1.25)
$\overline{R^2}$	0.4925
obs.	240
Hausman Test	86.00

注：被解释变量为 $\ln\left(\dfrac{Y_{it}}{Y_{it-1}}\right)$；括号内为 *t* 检验值；***、** 分别代表 1%、5% 的显著性水平；FE 表示固定效应模型。

二、不同层次类型人力资本对 TFP 增长的作用机制

(一) 人力资本类型的划分

希克斯（1965）曾经强调"资本同质性假设是资本理论的灾难"，人力

---

① H_{it-1} 的系数显著为正，$H_{it-1}\left(\dfrac{y_{t-1}^{*}}{y_{it-1}}\right)$ 的系数为负，且不显著。

资本也是资本的一种形式，所以希克斯的观点同样适用于人力资本的研究。我们通过直观感觉可以发现：人力资本所有者的生产能力及经济资源配置能力是有差异的，换言之，人力资本具有非同质性的特点。但在大多数研究人力资本与经济增长关系的研究中，绝大多数研究倾向于把人力资本视为一个均质的整体进行分析，忽视了人力资本的非同质性特点，但其特点是先天具有的，无法磨灭掉。所以，在分析人力资本对 TFP 增长进而经济增长的作用过程中一定要考虑其非同质性特点，才能找到有的放矢的人力资本策略更好地促进经济增长。

基于人力资本的非同质性，依据不同的标准，人力资本可以划分成多种类型。例如：按人力资本的形成途径可以将人力资本分为教育人力资本、健康人力资本、企业家人力资本等。这些不同类型的人力资本对 TFP 增长的作用机制也是不同的，需要进行比较。进而，政府可以在了解各类型人力资本对 TFP 增长的不同作用机制的基础上，更有针对性地培养人力资本，实现对有限资源的合理配置。这对财政能力有限的落后地区的政府而言显得尤为重要。

因而，学术界对人力资本进行了类型的划分，然而，学术界对人力资本类型的划分各有侧重，例如，李忠民（1999）依据社会分工角色将人力资本分为一般型、技能型、管理型、企业家型人力资本，其对应关系如图 5 - 5 所示。

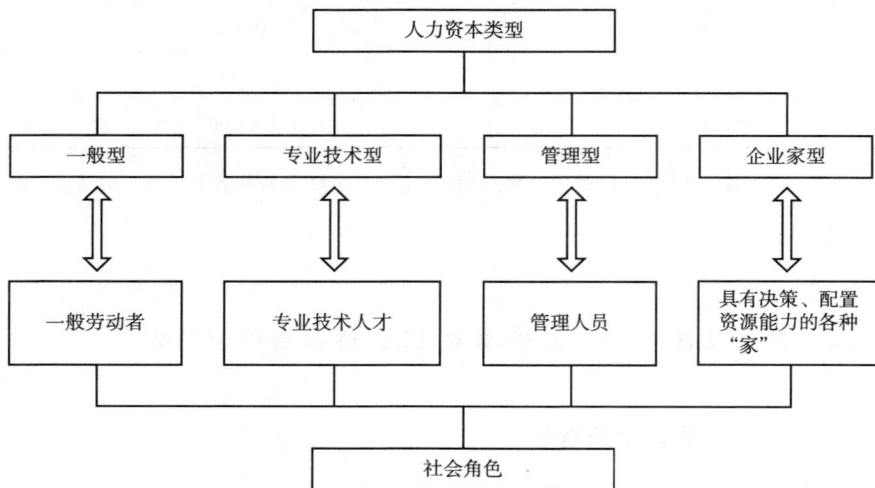

图 5 - 5　李忠民人力资本划分

图 5 - 5 显示，一般型人力资本对应的社会分工角色为普通劳动者，技能型人力资本对应的社会分工角色是专业技术人才，管理型人力资本对应的社

会分工角色是管理人员，企业家型人力资本对应的社会分工角色为各种具有决策、配置资源能力的"家"，例如：企业家、政治家、社会活动家等。这也表现出了不同的社会分工角色具有的人力资本的差异。

王金营（2001）依据投资的方式和途径将人力资本分为教育资本和非教育资本，并认为教育资本是人力资本的核心和最重要的组成成分，其对其他形式人力资本的效应发挥具有决定性的影响作用，并对教育资本和非教育资本进一步划分，如图5-6所示。

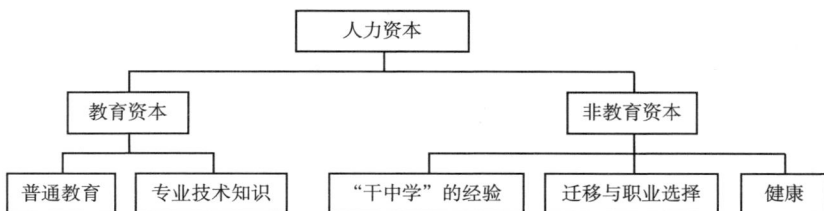

图5-6　王金营人力资本划分

图5-6中显示了王金营对人力资本的具体细分，使我们对人力资本的类型有了更深入的了解。

本书对人力资本的度量主要采取的是受教育年限法，考虑不同教育层次的人力资本对 TFP 增长的效果也会有不同，本书将人力资本进行分类的时候，主要是将人力资本中的教育资本进行细分，分为初级教育层次人力资本、中级教育层次人力资本和高级教育层次人力资本①。

（二）模型的构建

在测度各受教育层次的人力资本以 TFP 为中介对经济增长间接作用的时候，本部分以式（5-8）为基本经济模型测算初级、中级、高级教育层次人力资本对 TFP 增长两种作用机制的作用效果，Y_{it} 是被解释变量，LH_{it}、MH_{it}、HH_{it} 分别表示初级教育层次人力资本、中级教育层次人力资本和高级教育层次人力资本，是解释变量。构建各级受教育层次人力资本以 TFP 增长为中介的与经济增长关系的面板单方程数据模型如下。

_____

① 本书的初等教育层次人力资本指的是具有小学受教育程度的就业者所占百分比；中等教育层次人力资本指的是具有初中和高中受教育程度的就业者所占百分比；高等教育层次人力资本指的是具有大专及以上受教育程度的就业者所占百分比。

初级：

$$\ln\left(\frac{Y_{it}}{Y_{it-1}}\right) = \alpha_0 + (\delta_1 - \mu_1)LH_{it-1} + \mu_1 LH_{it-1}\left(\frac{y_{t-1}^*}{y_{it-1}}\right)$$

$$+ \alpha_1 \ln\left(\frac{K_{it}}{K_{it-1}}\right) + \beta_1 \ln\left(\frac{L_{it}}{L_{it-1}}\right) + \varepsilon_{it} \qquad (5-9)$$

中级：

$$\ln\left(\frac{Y_{it}}{Y_{it-1}}\right) = \alpha'_0 + (\delta_2 - \mu_2)MH_{it-1} + \mu_2 MH_{it-1}\left(\frac{y_{t-1}^*}{y_{it-1}}\right)$$

$$+ \alpha_2 \ln\left(\frac{K_{it}}{K_{it-1}}\right) + \beta_2 \ln\left(\frac{L_{it}}{L_{it-1}}\right) + \eta_{it} \qquad (5-10)$$

高级：

$$\ln\left(\frac{Y_{it}}{Y_{it-1}}\right) = \alpha''_0 + (\delta_3 - \mu_3)HH_{it-1} + \mu_3 HH_{it-1}\left(\frac{y_{t-1}^*}{y_{it-1}}\right)$$

$$+ \alpha_3 \ln\left(\frac{K_{it}}{K_{it-1}}\right) + \beta_3 \ln\left(\frac{L_{it}}{L_{it-1}}\right) + \xi_{it} \qquad (5-11)$$

其中，δ_1、μ_1 分别表示初级教育层次人力资本的技术创新系数和技术模仿系数，δ_2、μ_2 分别表示中级教育层次人力资本的技术创新系数和技术模仿系数，δ_3、μ_3 分别表示高级教育层次人力资本的技术创新系数和技术模仿系数。LH、MH、HH 的数据用中国 30 个省（区、市）各级受教育就业人员在总就业人员中所占比重来表示，由于《中国统计年鉴》对各省（区、市）就业人员的文化程度分布百分比数据的公布始于 1996 年，所以本书数据区间选择 1996~2011 年。其他指标数据的说明与来源详见第五章第二节。

（三）实证结果与分析

各级受教育程度的人力资本对技术创新及技术模仿的影响见表 5-3。

根据表 5-3，可以发现：初等教育层次的人力资本的技术创新系数显著为负，而技术模仿系数也为负值，这就表明中国的初等教育层次的人力资本既不通过技术创新也不通过技术模仿来促进经济增长，也可以说初等教育层次的人力资本对 TFP 增长无效，显示初等教育人力资本不具备技术创新和技术模仿的能力；中等教育的技术创新系数显著为正，而技术模仿系数为负值，但不显著，表明中国的中等教育层次的人力资本主要是通过技术创新而不是技术模仿来促进经济增长；高等教育的技术创新系数显著为正且大于中等教育的技术创新系数，技术模仿系数为正，但不显著，这表明，中国高等教育层次的人力资本主要是通过技术创新来促进经济增长，而技术模仿的效果不佳。窦丽琛、李国平（2004）通过研究认为：中国的区域之间地方市场分割现象严重，成为发达地区对落后地区技术溢出无形的壁垒，导致区域间的技术扩散对区域生产率增长的拉动作用并不明显，于是落后的西部地区没有出现技术上的"后发优势"。朱勇、张宗益（2005）认为，技术创新对地区经济发展水平具有较强的解释力，在这种背景下，人力资本通过技术创新促进TFP增长的作用得到凸显。

表 5 - 3　　各级受教育程度的人力资本对技术创新及技术模仿的影响

解释变量	RE	解释变量	FE	解释变量	FE
const.	-0.067^{***} (11.98)	*const.*	-0.014^{***} (-1.24)	*const.*	0.032^{***} (6.25)
$\ln\left(\dfrac{K_{it}}{K_{it-1}}\right)$	0.420^{***} (11.56)	$\ln\left(\dfrac{K_{it}}{K_{it-1}}\right)$	0.350^{***} (8.57)	$\ln\left(\dfrac{K_{it}}{K_{it-1}}\right)$	0.349^{***} (8.95)
$\ln\left(\dfrac{L_{it}}{L_{it-1}}\right)$	0.060^{***} (3.10)	$\ln\left(\dfrac{L_{it}}{L_{it-1}}\right)$	0.065^{***} (3.31)	$\ln\left(\dfrac{L_{it}}{L_{it-1}}\right)$	0.055^{***} (2.92)
LH_{it-1}	-0.063^{**} (-4.11)	MH_{it-1}	0.133^{**} (4.70)	HH_{it-1}	0.379^{**} (4.35)
$LH_{it-1}\left(\dfrac{y^{*}_{t-1}}{y_{it-1}}\right)$	-0.002 (-1.62)	$MH_{it-1}\left(\dfrac{y^{*}_{t-1}}{y_{it-1}}\right)$	-0.0002 (-1.25)	$HH_{it-1}\left(\dfrac{y^{*}_{t-1}}{y_{it-1}}\right)$	0.001 (0.04)
$\overline{R^2}$	0.4208	$\overline{R^2}$	0.4691	$\overline{R^2}$	0.5126
obs.	480	*obs.*	480	*obs.*	480
Hausman Test	7.53	Hausman Test	47.25	Hausman Test	278.21

注：被解释变量为 $\ln\left(\dfrac{Y_{it}}{Y_{it-1}}\right)$；括号内为 t 检验值；***、** 分别代表 1%、5% 的显著性水平；FE 表示固定效应模型，RE 表示随机效应模型。

第三节　人力资本分布结构对 TFP 增长的作用分析

对人力资本存量水平及教育型人力资本中不同教育层次的人力资本对

TFP 增长的作用机制的分析是从存量水平的角度切入的，而存量结构也会对 TFP 增长产生影响，所以本书接下来分析既定人力资本存量水平下，各教育层次人力资本的比重分布对 TFP 增长的作用效果。人力资本的分布结构特征主要是由不同教育层次的人力资本在整体人力资本中的比重分布状况决定的。即不同类型的教育人力资本在整体中的所占比重决定了教育的不平等程度。本书将这种教育的不平等程度称为"人力资本分布结构"。

为了达到分析人力资本分布结构对 TFP 增长的作用的目的，首先本书需要找到一个合适的方法测度人力资本分布结构。

一、人力资本分布结构的测度

本书中的人力资本分布结构是指人力资本载体——就业人员接受教育层次的"均等"程度。一般来说，人力资本分布结构的测度指标有教育标准差、教育变异系数、教育基尼系数等统计指标，由于与其他测度人力资本分布结构的指标相比，教育基尼系数可以很好地显示教育分布的改善情况，所以其被大多数学者使用，因此，本部分也采用教育基尼系数来测度人力资本分布结构。

教育基尼系数是模仿收入基尼系数而提出的，也被称为人力资本不平等系数，教育基尼系数和收入基尼系数具有极大的相似性，其计算公式也和收入基尼系数的计算公式类似，具体为：

$$Gini = \left(\frac{1}{2h}\right) \sum_{i=1}^{n} \sum_{j=1}^{n} p_i |y_i - y_j| p_j; h = \sum_{i=1}^{n} p_i y_i \qquad (5-12)$$

其中，h 表示平均受教育年限，计算方法与式（3-6）相同，p_i 表示第 i 级受教育程度的就业人员在就业人员中的比重，y_i、y_j 表示各级教育层次的教育年限，本书的教育层次主要分为 5 级（$n=5$），分别为：不识字或识字很少、小学、初中、高中、大专及以上，各自对应的教育年限分别为 1 年、6 年、9 年、12 年、16 年。

表5-4 显示，中国30 个省（区、市）的教育基尼系数总体而言比较大，数值范围在0.2~0.4 之间，但根据各主要年份的比较，发现其出现了下降的趋势，说明中国各区域的人力资本结构向"均化"方向发展。

表5-4   1996~2011年中国30个省（区、市）主要年份教育基尼系数

省区市	1996 年	2000 年	2005 年	2011 年
北京	0.2886	0.2813	0.2776	0.2743
天津	0.2657	0.2587	0.2569	0.2556
河北	0.2352	0.2279	0.2274	0.2259
上海	0.2844	0.2791	0.2767	0.2751
江苏	0.2731	0.2678	0.2663	0.2643
浙江	0.2504	0.2457	0.2451	0.2426
福建	0.2592	0.2530	0.2510	0.2481
山东	0.2695	0.2669	0.2643	0.2627
广东	0.2264	0.2208	0.2204	0.2185
海南	0.2619	0.2567	0.2543	0.2551
辽宁	0.2384	0.2317	0.2313	0.2292
吉林	0.2483	0.2426	0.2404	0.2383
黑龙江	0.2534	0.2463	0.2425	0.2406
安徽	0.2492	0.2448	0.2434	0.2423
江西	0.2254	0.2185	0.2179	0.2172
河南	0.2404	0.2376	0.2362	0.2351
湖南	0.2395	0.2356	0.2349	0.2357
湖北	0.2623	0.2568	0.2541	0.2542
山西	0.2363	0.2304	0.2285	0.2283
内蒙古	0.2741	0.2691	0.2641	0.2618
广西	0.2143	0.2087	0.2071	0.2063
四川	0.2584	0.2530	0.2512	0.2503
贵州	0.3048	0.2983	0.2955	0.2941
云南	0.2903	0.2827	0.2814	0.2789
西藏	0.3149	0.3123	0.3111	0.3086
陕西	0.2923	0.2868	0.2847	0.2837
甘肃	0.3291	0.3277	0.3258	0.3231
青海	0.3679	0.3639	0.3626	0.3642
宁夏	0.3114	0.3103	0.3001	0.3013
新疆	0.2895	0.2866	0.2882	0.2891

注：依据式（5-12）计算得到。

二、人力资本分布结构与 TFP 水平之间的关系

在相关研究中，多位学者运用散点图描绘了教育基尼系数 h_s 与 TFP 水平

之间的关系，认为二者之间具有明显的负相关关系，然而，图形只是为本书判断变量之间的关系提供了感官依据，要具体判断两个变量之间的具体关系，需要采用计量检验的方法。

（一）面板单位根检验

面板数据模型的使用，要求相关变量在序列上是平稳的。一般来说，在构建面板数据模型之前，第一步就是要对各相关变量检验其平稳性。各个变量在序列上是同阶平稳的情况下，才能进一步区分析因变量与自变量之间是否存在长期的稳定均衡关系。在此基础上，关于变量之间的具体关系，才有可能得到进一步的研究。本部分使用 Eviews 6.0 对中国 30 个省（区、市）的 TFP 水平的对数序列和教育基尼系数的对数序列进行单位根检验，考虑到主要有相同根情形和不同根情形两种单位根检验类型，而每一种情形下的单位根检验又分为不同的方法，为了增强检验结论的准确性，本部分在相同根情形和不同根情形的单位根检验类型中各选择两种方法，相同根情形下的单位根检验方法选择 LLC 法和 Breitung 法；不同根情形下的单位根检验方法选择 IPS 法和 Fisher-ADF 法，以综合考虑各变量原序列及差分序列的平稳性，具体结果见表 5 – 5。

表 5 – 5 各变量面板单位根检验结果

变量	检验方法				平稳性
	相同根情形		不同根情形		
	LLC	Breitung	IPS	Fisher-ADF	
$\ln TFP$	− 1.0374 (0.1490)	− 1.6401 (0.9474)	0.3224 (0.6343)	56.3143 (0.5754)	不平稳
$\ln h_s$	5.7365 (1.0000)	− 3.0453 (0.0012)	2.3531 (0.9907)	22.1460 (1.0000)	不平稳
$\Delta \ln TFP$	− 2.3905 (0.0084)	0.0314 (0.5161)	− 3.0768 (0.0010)	100.7990 (0.0004)	平稳
$\Delta \ln h_s$	15.3134 (1.0000)	− 1.5509 (0.0015)	− 2.7054 (0.0034)	145.8315 (0.0072)	平稳

注：（1）表格中圆括号内的内容表示的是 P 值；（2）检验原序列时，既考虑了时间序列项，又考虑了常数项；检验差分序列时，仅仅对常数项予以考虑；（3）所有检验方法的原假设都是：存在单位根。

结果显示，大部分检验方法都拒绝 $\ln TFP$ 和 $\ln h_s$ 原序列为平稳序列的假设，四种方法只有 Breitung 法拒绝 $\ln TFP$、LLC 法拒绝 $\ln h_s$ 的一阶差分序列为平稳序列的假设，其他方法都接受假设，因此，本书判断的结果是 $\ln TFP$ 和 $\ln h_s$ 为一阶单整，可以进行协整检验。

（二）面板协整关系检验

对 TFP 水平的对数序列和教育基尼系数的对数序列进行单位根检验的结果证明，二者的一阶差分序列均为平稳序列，因此，下一步就可以进行因变量和自变量间的协整关系检验，从而判断因变量和自变量之间的稳定均衡关系是否存在。目前来看，面板数据的协整检验方法一般是基于两种假设前提。有以面板数据不存在协整关系作为零假设的佩德罗尼的七个统计量方法，还有以面板数据存在协整关系为零假设的卡奥的 ADF 统计量。

为了使协整检验更为稳健，综合考虑佩德罗尼的七个统计量方法和卡奥的 ADF 统计量。若各种统计量对"不存在协整关系"的零假设是拒绝的，那么，这就意味着，两个变量之间存在长期稳定的均衡关系。表 5 - 6 显示的是 $\ln TFP$ 和 $\ln h_s$ 之间具体的面板协整关系检验结果。

表 5 - 6 面板协整关系检验结果

检验方法	$\ln TFP$ 和 $\ln h_s$	检验方法	$\ln TFP$ 和 $\ln h_s$
Panel V	3. 4477 (0. 0002)	Group rho	- 1. 9315 (0. 0267)
Panel rho	- 4. 2490 (0. 0000)	Group pp	- 6. 8254 (0. 0000)
Panel pp	- 6. 6043 (0. 0000)	Group ADF	- 1. 9595 (0. 0247)
Panel ADF	- 1. 9523 (0. 0243)	Kao ADF	- 1. 3027 (0. 0961)

（三）模型设定

本部分旨在考察人力资本分布结构对 TFP 增长产生的影响，借鉴范登博斯奇、华萍及彭国华的研究方法，本书构建如下模型：

$$\ln TFP_{it} = \alpha_0 + \alpha_1 \ln h_s + \mu_{it} \qquad (5-13)$$

其中，μ_{it} 表示的是与各省份相关的、时间上恒定的未观测因素。

（四）面板协整方程的估计

根据第五章第三节设定的模型，运用面板数据回归的方法，进而确定教育基尼系数对 TFP 增长的影响，关于面板数据回归的方法除了普通最小二乘法（OLS），还有动态修正普通最小二乘法（DOLS）以及完全修正普通最小二乘法（FMols），本书通过面板数据协整关系估计的方法除了 OLS 法，还有佩德罗尼（Pedroni，2001）的完全修正 OLS（FMOLS）法以及马可和苏尔（Mark and Sul，2002）的动态修正 OLS（DOLS）法。根据卡奥和迟昂（Kao and Chiang，2000）的研究，在小样本情况下，DOLS 估计量在面板协整估计中的表现优于 OLS 和 FMOLS，为了得到相对稳健和可靠的估计结果，本书运用 DOLS 估计模型，估计结果为：

$$\ln TFP_{it} = 0.1837 - 0.5023 \ln h_s + \mu_{it} \qquad (5-14)$$
$$(5.2173^{***})$$

其中，*** 表示 1% 的水平上显著。估计结果显示，在中国的经济转型期内，中国的人力资本不平等程度与 TFP 增长之间存在长期稳定均衡关系。其中，人力资本分布结构作用于 TFP 水平的弹性系数的估计值为 1% 的显著水平上的 −0.5023。这一估计值表明，其他条件既定的情况下，中国的教育基尼系数上升 1 个百分点，则 TFP 增长将下降 0.5023 个百分点。即人力资本的分布结构不平等程度上升，TFP 水平会下降。因此，欲提高 TFP 增长水平，除了要加大教育投入、促进人力资本积累，还应努力缩小教育分配的不平等程度。

第四节　本章小结

首先，本章运用数学表达式表述了 TFP 水平与要素边际生产率水平之间的关系，得出基本结论：要素边际生产率水平的高低与 TFP 水平、资本劳动比具有密切的联系。其中，物质资本边际生产率水平与 TFP 水平正相关，与资本劳动比负相关。本书认为，TFP 水平的高低对物质资本的边际生产率水平的高低具有决定性意义。劳动的边际生产率水平的高低与 TFP 水平、资本劳动比均正相关，TFP 水平对劳动的边际生产率水平具有重要的拉动作用。

其次，以浙江和甘肃作为区域样本分析了人力资本作用于经济增长的传导机制的下游环节——TFP 水平→要素边际生产率→要素积累，基于该环节，用 TFP 水平差异解释了区域经济增长差异的形成，突出了市场机制对资源配置的引导作用。

再次，对人力资本间接作用于经济增长的传导机制的上游环节——人力资本→TFP 增长进行深入分析，分别分析人力资本存量水平、人力资本存量结构、人力资本分布结构对 TFP 增长的作用，发现：人力资本存量水平主要是通过技术创新促进 TFP 增长，各层次人力资本对 TFP 增长的作用效果各异，人力资本分布结构与 TFP 增长正相关。

最后，得出基本结论：人力资本存量水平的差异，中、高等受教育层次的人力资本存量水平的差异，以及人力资本分布结构平等性程度的差异都是造成 TFP 增长差异的原因，TFP 增长的差异造成 TFP 水平的差异、要素边际生产率水平的差异、要素积累的差异、区域经济增长的差异。

第六章　区域人力资本差异的
成因及缩小对策

前述分析认为，造成区域经济差异的深层次原因是人力资本的区域差异。因此，为了实现区域经济的协调发展，关键是要缩小人力资本的区域差异。本章的目的是找到缩小人力资本区域差异的对策，然而，只有了解问题出现的原因，才能提出行之有效的解决方案。因此，一方面，要从不同角度分析形成区域间人力资本差异的原因；另一方面，需要具有针对性地提出相关对策措施，以便确实缩小区域间人力资本的差异。

第一节　人力资本区域差异的成因

基于前面所述的人力资本概念，本书将区域人力资本界定为：在一个特定的区域内，在外部社会环境的影响下，每个人通过后天投资所获得的具有经济价值的知识、健康、能力等质量因素的整合。区域人力资本差异是整个区域内的个体人力资本在整合过程中所形成的差异，而不是单纯的个体之间的差异。

人力资本和物质资本一样，均是由投资形成、具有逐利性，二者的终极目的均是获得收益。基于此，本书认为，人力资本区域差异的形成主要源于其形成过程和价值实现过程。

一、人力资本形成过程的区域差异

舒尔茨认为，人力资本是由投资主体以投资的形式形成的，这些投资形式多样，主要包括"干中学"、教育投资、医疗保健投资、迁移方面的投资以及在职培训投资等五种形式。鉴于本书采用受教育年限法测度人力资本，因而主要考虑人力资本是由教育投资形成的。目前看来，中国人力资本的投资主要就是通过教育投资来完成的。

人力资本投资主体①的投资能力和投资意愿的差异，是人力资本形成过程中人力资本区域差异的具体体现。接下来，本书主要从这两个方面分析人力资本形成过程所体现的人力资本区域差异。

（一）投资主体投资能力的差异：以浙江、甘肃为例

1. 政府投资能力的差异

一般而言，政府投资能力的大小，取决于其财政能力的大小，图 6 - 1 显示了浙江与甘肃财政能力的差异。

从图 6 - 1 可以看出，浙江省的财政收入在 1999 年以后大幅度增加，而甘肃省的财政收入增加幅度很小，二者的差距在 1978 ~ 1999 年不大，且相对比较稳定，1999 年以后则迅速扩大。据此，浙江省政府的财政能力要大于甘肃省政府的财政能力，因此，从一定意义上而言，与甘肃省相比，浙江省政府的人力资本投资能力要大得多。

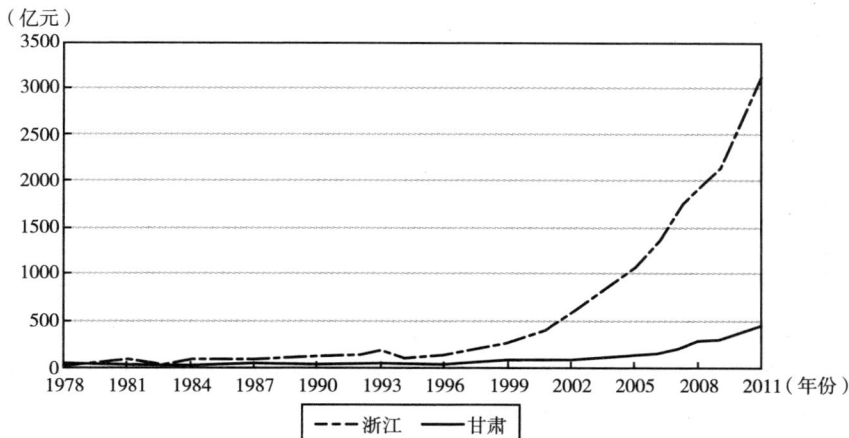

图 6 - 1　1978 ~ 2011 年浙江与甘肃财政收入比较

---

① 人力资本的投资主体主要包括政府、企业和家庭，就本文所侧重的教育人力资本投资的主体，主要涉及的是政府和家庭两个投资主体。

2. 家庭投资能力的差异

一般而言，家庭投资能力的大小，取决于家庭收入状况。家庭收入状况越好，家庭投资能力就越强，家庭收入状况越差，家庭投资能力就越弱。本部分拟对位于东部发达地区的浙江省和位于西部欠发达地区的甘肃省的城、乡居民家庭的投资能力分别进行描述。图6-2显示，在1978年改革开放以来的中国经济转型期，浙江省与甘肃省的农村居民家庭人均纯收入都呈现出增加的趋势，但二者之间存在差异，在1978~1990年间二者的差距并不明显，但在1990年以后则迅速扩大。在一定意义上，与甘肃省相比，浙江省的农村居民家庭具有更大的人力资本投资能力。

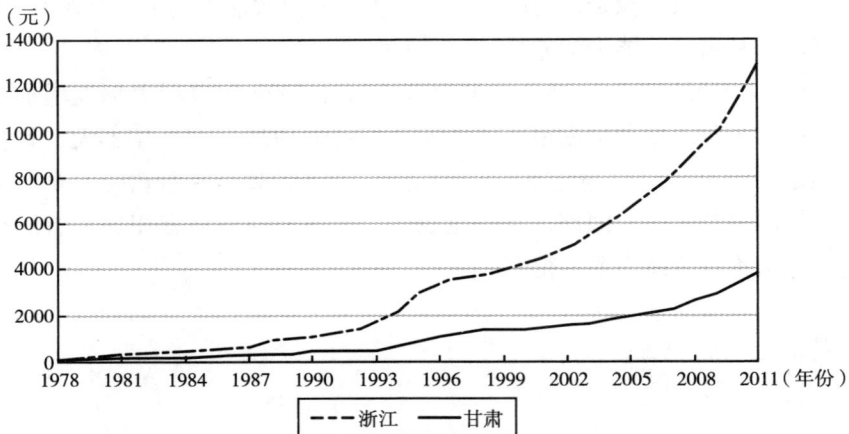

图6-2 1978~2011年浙江与甘肃农村居民家庭人均纯收入比较

图6-3所表现的曲线特征与图6-2非常相似，其表现了1978年改革开放以来的中国经济转型期间，浙江省与甘肃省的城镇居民家庭人均可支配收入的对比状况。相比于图6-2中的图形，图6-3体现的差距相对较小，但差距是存在的。这在一定意义上表明，与甘肃省相比，浙江省的城镇居民家庭也具有更大的人力资本投资能力。

综上所述，浙江省与甘肃省的人力资本投资主体，无论是政府还是居民家庭，在人力资本投资能力上都存在一定的差距，浙江省占据先天优势。

（二）投资主体投资意愿的差异

无论是居民家庭还是政府，都是由人构成的。一般而言，经济社会中的

（元）

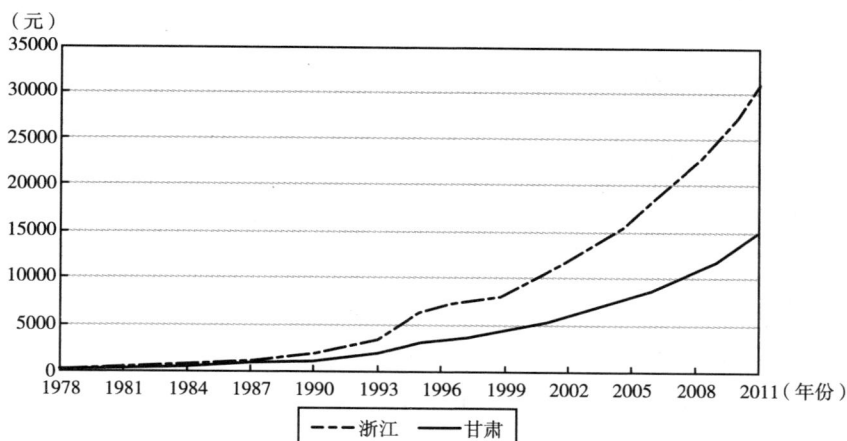

图 6－3 1978～2011 年浙江与甘肃城镇居民家庭人均可支配收入比较

人在进行投资决策之前，首先要进行成本收益比较。投资意愿是经济人将可支配的各种资源转化为资本的一种倾向性。一般而言，在自由市场经济制度下，经济人具有三种倾向——消费、储蓄、投资。投资意愿的强弱主要源于投资主体对投资的成本收益比较。投资意愿取决于经济人对盈利预期和成本预期的对比，当盈利预期大于成本预期时，经济人便产生投资意愿和投资信心；当成本预期大于盈利预期时，经济人倾向于消费和储蓄。

人力资本投资主体之所以产生对人力资本进行投资的意愿，最根本的原因在于人力资本能在未来时期给其带来巨额收益。人力资本一旦形成，在适宜的社会环境中就会源源不断地给其投资主体带来收益。然而，与物质资本投资相比，人力资本投资具有较强的时滞性特点。人力资本投资的对象是人，对人进行的人力资本投资，需要花费大量的时间和精力，投资收益需要经过漫长的投资期之后才能获得。另外，人力资本投资还具有较大的风险性特点，此时对人力资本进行的投资，在未来是否能够获得收益，取决于未来的社会经济环境是否与现在投资所形成的人力资本相匹配，是否适宜人力资本价值的实现。

人力资本投资所具有的时滞性和风险性特点，对投资主体投资于人力资本的投资意愿起到了弱化作用，而人力资本投资的收益性是强化投资主体对人力资本投资意愿的主要原因。这是两种相反方向的作用力，人力资本投资主体投资意愿的大小取决于上述两种力量的合力。强化投资意愿的力量越大，人力资本投资主体的投资意愿越强；弱化投资意愿的力量越大，人力资本投资主体的投资意愿越弱。

1. 政府投资意愿的差异

中国东、西部区域经济非均衡发展是既成事实，东部省（区、市）大多属于自然环境优良、经济发达、收入水平高的地区，对人才具有天然的吸引力；而中国的西部省（区、市）自然环境大多比较恶劣，一般而言，经济发展水平大多都处于落后的状态，引致居民低下的收入水平，从而产生了对人才的天然排斥。中国西部省（区、市）对人才的"推力"与东部省（区、市）对人才的"拉力"共同作用于西部省（区、市）的人才，最终导致西部省（区、市）的既有人才"净流出"。特别地，中国施行的是"地方为主"的教育投资体制，该体制下，中国西部省（区、市）用有限的财力培养出的人才，在市场机制的作用下，却最终流向东部省（区、市），使得中国西部省（区、市），不仅面临着人才的流失，而且还面临着物质资本的间接流失。在这种情况下，中国西部欠发达的省（区、市）政府就会对投资人力资本产生预期风险大于预期收益的判断，使得对人力资本的投资意愿比较低。

管子云："十年树木，百年树人"，人力资本投资的见效期非常长。然而，物质资本投资在短期内对经济增长的拉动作用非常明显。一般而言，在经济发展的初期阶段，各级政府对经济增长速度都非常重视。同时，中央政府主要是通过经济增长速度来判断地方政府的政绩，于是，地方官员在其有限的任期内，追求短期经济效益的投资行为决定了其不可能把有限的资金投入到具有收益时滞性的本地人力资本的提升上去。在政绩观和物质资本观的双重引导下，中国西部欠发达的省（区、市）政府对人力资本投资的意愿就会被抑制。

对于中国西部欠发达地区的省（区、市）政府而言，人力资本投资的风险更大，而预期的收益较小，加之人力资本投资的时滞性特点，使得地方政府在其政绩观的影响下，对人力资本投资的意愿较弱。与此相反，对中国东部发达地区的省（区、市）政府而言，其对人力资本投资的预期风险较小，而预期收益较大，即便人力资本投资具有时滞性特点，但由于其对外来人力资本的吸引，减弱了其对人力资本投资的时滞效应，地方政府在实践过程中意识到人的作用的重要性，因此，对人进行人力资本投资的意愿非常强烈。

2. 家庭投资意愿的差异

对于人力资本的微观投资主体——家庭而言，决定其投资意愿的因素除了其对人力资本投资成本收益的比较外，非常重要的影响因素是个人的思想观念。

西部欠发达地区一般经济落后、开放程度较低。因此，当地的居民家庭很少接触外围的新鲜事物，坐井观天、故步自封、安于现状的传统思想造成人们思维的狭隘和对当前物质享受的高度满足感，"当一天和尚撞一天钟"的思想深深地影响了中国西部欠发达的省（区、市）的居民，在上述传统思想观念的影响下，中国西部欠发达的省（区、市）的居民没有长远打算，对人力资本投资的意义认识不足。在缺乏投资积极性的情况下，人力资本投资不足的状况愈益恶化，从而引起人力资本存量的不足，造成人力资本存量结构和分布结构的不合理。

中国西部欠发达的省（区、市）的人们大多持"多子多福"的传统生育观念，一般而言，中国的少数民族大多聚居在中国西部欠发达的省（区、市）。中国政府在实施计划生育政策的过程中，对少数民族采取了宽松的生育政策，以鼓励少数民族的人口繁荣，这在一定意义上，使得中国西部欠发达的省（区、市）的少数民族家庭的人口数量增加比较多，在收入既定的情况下，家庭内部人口数量的增加必然会使每个人的人力资本投资数量减少。上述分析表明，之所以出现中国西部欠发达的省（区、市）的人力资本投资水平明显低于中国东部发达的省（区、市）的现象，是有因可循的。

二、人力资本价值实现过程的区域差异

流动性和趋利性是资本具有的鲜明特征，人力资本也是资本范畴的一个概念，因此，其也具有该特征。人力资本具有的流动性特点主要表现为人口迁移。人口迁移是以实现人力资本的经济价值为目的的，其是对人力资本趋利性的具体表现。在市场机制的主导作用下，人口迁移的流向特点反映了人力资本"以脚投票"的结果。一般而言，人口迁入的国家（地区）具有较高的收入水平、较大的经济规模以及发达的制造业，这些国家（地区）拥有大量的就业机会，其用人机制既灵活又完善。而人口迁出的国家（地区）则具有与人口迁入的国家（地区）相反的状况。总之，人口迁移会导致地区间人力资本总存量、人力资本平均水平、人力资本存量结构、分布结构的变动。

人口迁移的"推拉理论"是解释区域间人力资本流动的理论支撑，人口的迁移是受到迁出地"推力"和迁入地"拉力"两方面的作用实现的，本部

分从推力和拉力两方面探讨地区间人力资本流动的原因。

（一）收入造成的"推拉"作用

前述分析，已经表明了人力资本的趋利性。劳动者是人力资本的载体，其主要通过迁移的方式体现人力资本的趋利性。迁移主要表现为劳动者在地区间的迁入和迁出。劳动者的迁移行为，受到迁出和迁入地的人均收入水平的影响。一般而言，迁入地对劳动者的迁移具有拉动作用，迁出地对劳动者的迁移具有推排的作用。当然，在人均收入水平之外，迁入地和迁出地的基础设施以及工作环境也会对劳动者的迁移行为产生影响。

从浙江和甘肃的人均收入水平就可以看出，东部地区的浙江具有吸引劳动力迁入的较大优势，而西部地区的甘肃却具有强大的劳动力迁出的推力。

（二）物质资本丰裕度造成的"推拉"作用

物质资本存量与流量的区域差异对人力资本的迁移具有"推拉"作用。一般而言，物质资本在区域间的配置状况如何，人力资本就具有与之相对应的配置状况的倾向。从而人力资本出现跨区流动的趋势。物质资本与人力资本是互补的关系，二者均不能独立地实现促进经济增长的作用，需要相互配合才能起到相应的作用。中国东部沿海地区是中国改革开放实施以来非均衡发展战略的受惠区，以沿海的优势天然地具备了吸引外资的优势，率先实现了经济的高速发展，带来了物质资本积累的高速度。并凭借资本的逐利特性吸引西部内陆地区的资金流入，使得本就资金短缺的西部地区雪上加霜。东部地区具有充足的物质资本，为该地区注入强大的发展动力，创造了大量的就业机会，对其他地区的人力资本具有强大的"拉力"，促进本地区人力资本的集聚。而西部地区由于缺乏物质资本，经济发展乏力，就业机会较少，对本地的人力资本具有"推力"，使本地人力资本大量流失。其中，中国的"民工潮"是物质资本丰裕度对人力资本"推拉"的重要表现形式。

（三）区域产业结构的"推拉"作用

区域间产业结构的差异对人力资本的流动具有"推拉"作用。中国西部内陆的欠发达地区表现出第一产业为主，第二、第三产业不发达的特征，这样的产业结构就会产生大量的剩余劳动力，这些劳动力在本地得不到充分吸收就会向外转移。然而，19 世纪 80 年代以来，中国东部区域经济发展迅猛，第二、第三产业的发展提供了大量的就业岗位，对西部劳动力迁移形成巨大的拉力，进而使得东部地区人力资本水平获得快速提升。遗憾的是，西部地区经济发展基础薄弱，三次产业结构水平较低，传统产业占据主导地位，转型升级缓慢，对劳动力需求层次低、数量少，难以吸收高质量的人力资本，人力资本的总体水平一直偏低。此外，由于西部地区对新增劳动力吸纳能力不强，容易对劳动力外流形成推力，进而，导致本区域人力资本水平一直处于偏低水平，甚至呈现逐年下降的态势。

（四）区域人才机制的"推拉"作用

区域人才机制的差异对区域人力资本的流动具有显著的推拉作用。一般而言，人才引进和人才利用是人才机制的主要组成部分。就人才引进角度而言，一般来说，发达国家（地区）往往可以通过比较完善的引进机制，及时解决本国（地区）专业人才以及中、高级管理人才缺乏的问题，推进人力资本结构的持续优化，这成为人力资本迁入的"拉力"。而落后地区往往缺乏完备的人才引进机制，这就形成了人力资本迁出的"推力"。就人才利用而言，一般来说，发达国家（地区）制度安排较为合理，用人机制更具人性化，具有良好的激励作用。实践表明，区际人力资本激励的差异是导致劳动力区际迁移的重要动因，即对人力资本激励程度较高的区域，属于劳动力迁入地，容易吸收高素质的劳动者，并提高人力资本质量总体水平；相反，对人力资本激励程度较低的区域，属于劳动力迁出地，容易形成高素质劳动力的流失，使得本区域人力资本水平长期停滞不前，维持在较低水平。

第二节 缩小人力资本区域差异的对策

据前面的研究结果，要从根本上缩小中国区域间存在的经济差异，实现区域经济发展的协调可持续，就要首先缩小区域间的人力资本差异。而实现西部落后地区人力资本的快速积累、结构优化和利用效率的提升则是缩小区域间人力资本差异的关键所在。为了有效缩小人力资本的区域差异，本书拟从制度创新和软投入约束的角度，基于人力资本区域差异形成的原因来探讨如何才能切实缩小人力资本的区域差异。

一、人力资本形成方面的对策

（一）提高人力资本投资主体的投资能力

发展经济，提高落后地区政府及居民家庭的收入能力是提高人力资本投资主体投资能力的关键所在。

西部地区落后的经济发展水平是西部地区政府和家庭收入远不及东部地区的主要原因。这就造成了西部地区政府和家庭的人力资本投资能力有限，进而造成东、西部地区人力资本水平存在较大差距。因此，努力提高西部地区的经济发展水平，是缩小东、西部地区人力资本水平差异的根本。

然而，在经济转型期，西部地区经济发展水平的提高，必须依托自身充足的要素积累，特别是物质资本积累。西部地区自然环境恶劣、交通不便等自身条件的欠缺，不利于物质资本的集聚和积累。另外，西部地区的自然条件致使人口的分布比较分散，城市数量较少，城市规模也比较小，对规模经济作用的发挥有很大的限制。即便国家在物质资本投资方面给予了政策优惠，却不能使国家对西部地区的财政性转移支出发挥出最大效率。

我们认为，为了使国家对西部地区的财政性的转移支出发挥出其最大效率，应该首先加快西部地区的城市化进程①，这就需要健全相关制度，例如，切实加快户籍管理制度改革的进程，减少审批环节，消除城乡差别，形成统一的劳动力市场；深化土地制度改革，推广普及城镇社会保障制度等。于西部欠发达地区而言，城市化进程既能提高政府的财政收入能力，又能提高居民家庭的收入能力，唯有此，西部地区的政府和居民家庭对人力资本投资的能力才能得到基本的物质保障。

（二）增强人力资本投资主体的投资意愿

人力资本投资主体投资意愿的强弱，是人力资本投资的收益与其时滞性

---

① 城市化进程是伴随着基础设施建设投资、房地产业发展、服务业发展等经济活动的，这本身会对西部经济的快速增长做出重大贡献，而经济的增长所带来的收入的增加有利于提高该地区政府和家庭人力资本投资能力。与此同时，城市化进程使原来十分分散的人口形成密集聚居区，这一方面会省去家庭离学校较远时在人力资本投资方面所需的交通费用，另一方面也可以提高政府财政性教育支出的使用效率，使教育资源发挥更大的作用。因此，西部地区的城市化进程，无论是对于西部地区的经济增长，还是教育资源利用效率的提高，都具有至关重要的作用。

及风险性博弈的结果。人力资本投资属于高收益、高风险型的投资，提高人力资本投资主体的投资意愿，关键在于提高人力资本投资的收益预期，并在同时降低投资的风险预期。

对于西部欠发达地区的省（区、市）政府而言，要通过对东部发达地区的考察借鉴，增强对人力资本重要性的认识，东部发达地区的很多经济发展成就都源于对人力资本的充分利用，例如浙江现象的出现。人力资本的高收益应该成为西部欠发达省（区、市）政府进行人力资本投资的主要动力，当然，很重要的一点在于，应该通过制定激励与约束机制，改变地方政府的政绩观，改变只顾眼前利益，不顾长远利益的物质资本观，降低其对人力资本投资的风险预期。

对西部欠发达地区的省（区、市）的居民家庭而言，不仅要从制度上注重对其人力资本投资积极性的激励，使其认识到人力资本投资的高收益，还应注重软投入，构建弘扬家庭内部的利他主义①以及对非货币收益②的追求等中华民族的传统文化的文化环境，充分调动广大居民家庭进行人力资本投资的积极性。

只有在西部欠发达地区的省（区、市）人力资本投资主体——政府和居民家庭的人力资本投资意愿越来越强的情况下，配合一定的投资能力，人力资本的存量水平才能提高、存量结构才有可能优化、利用效率才有可能提升。

二、人力资本价值实现方面的对策

即便是在人力资本投资能力和投资意愿相同的情况下，人力资本的区域差异依然具有存在的可能性。本书认为，人力资本的价值实现环节是最主要的原因。不同区域给人力资本的价值实现提供了不同的环境，造成了人力资本的流动，人力资本所具有的流动性特点，在不受干预的情况下，可能会加大人力资本的区域差异，进而加大经济发展的区域差异。

———————————

① 中国家庭的父母宁愿自己节衣缩食，毕其终生的积蓄，不惜成本，不计回报地进行儿女的教育投资。

② 一般而言，非货币收益的形式是多样的，例如较高的地位、更大的灵活性以及更有意义的工作任务、对自己时间安排的更大控制权、更广泛的选择余地和职业生涯的灵活。较大的人力资本投资形成的高时间价值和高流动是没受过多少教育的体力劳动者所不能比拟的，而且在中国，人们传统上视脑力劳动者为高贵，因此，人力资本投资所能带来的非货币收益在居民做投资抉择时所起的作用尤为重要。

本书认为，应该从如下两个方面协调人力资本在价值实现过程中的区域差异。

（一）推动人口合理有序流动，减少西部人才流失

在中国存在区域经济不平衡的现阶段，人力资本由自西向东的跨区域流动对人力资本的区域差异起到了强化的作用，对区域经济差异的扩大起到了拉动作用。中国各级政府面临着诸如增加对西部地区教育投入、促成区域间人力资本的有效合作等艰巨的任务，旨在推进区域间人力资本的平衡发展。

总体而言，中央政府最主要的任务就是积极制订和实施激励政策，进而引导东部地区的人力资本向中西部地区转移；落后的西部地区的地方政府则需从以下四个方面做出努力。

第一，对西部地区所属的教育资源进行合理配置和有效利用。

无论是具有一定劳动技能的普通劳动者还是高、精、尖的技术和管理人才，西部地区的政府都需要对其进行必要的投资来培育。然而，对于教育资源有限的西部地区而言，对教育资源的合理配置和有效利用显得尤为重要。劳动力的受教育程度越高，越会促使其从落后地区向发达地区流动。西部地区的教育资源本就不丰裕，因此，发展大众教育更符合实际，更能发挥教育资源的效率。所以，在现阶段，西部地区应利用有限的教育资源，将大众教育、培养普通劳动者放在更加突出的地位。

第二，对既有人才的充分利用。

西部地区的自然条件艰苦、环境差、待遇低，难以对外地的优秀人才形成有效的吸引，这是难以改变的事实。然而，西部地区还面临一个更加突出的问题，即未能充分发挥本地既有人才的作用，使得其要么消极怠工，要么严重流失。究其原因，主要是由于激励机制不健全，政策落实不到位等。因此，为充分发挥西部地区既有人才的积极作用，首先要考虑如何留住人才，特别是留住西部自身培养出来的人才。要留住既有的人才，就要创造一个能够让人才充分发挥自己才干的舞台，给予人才更多的行政和业务自主权，用事业来留住人才，发挥既有人才的积极作用。

第三，完善相关人才政策，引进急需人才。

西部地区的政府要借鉴东部发达地区的经验，积极制定人才强省（区、市）战略，面向国内发达地区甚至发达国家引进急需人才，为各类人才创造良好的工作和生活环境。努力避免本地区在人力资本投资中陷入"人才流

失→发展缓慢→差距扩大→人才再流失→发展更慢→差距更大"的恶性循环。

第四，创造有利于人力资本发展的社会文化环境。

无论是在工作中，还是在生活中，西部地区政府要切实对各类人才给予真诚的关怀、信任和尊重，使各类人才找到归属感和认同感，对人才形成巨大的情感吸引力。另外，西部地区政府还需要重视培育和营造健康、优美的社会文化氛围，提升城市的各种文化、教育、娱乐、体育、金融服务供给的数量和质量，以期对人力资本产生更大的吸引力。

（二）加强东西部之间在人力资本领域的合作

人力资本的区域差异还表现在资本收益、现有存量等方面，这就为不同区域提供了在人力资本领域进行合作的前提和基础。一般而言，人力资本的区域合作对落后地区十分有利，为落后地区和广大乡村提供了在全国人力资本市场平等竞争的机会，有利于提高这些地区人力资本的流动性和竞争力。

人力资本的区域合作首先表现为异质区域的合作。

对于落后的西部地区而言，人力资本的积累程度较低；对于东部发达地区而言，由于具备强大的经济实力，因而人力资本的积累程度较高，即东部发达地区的人力资本、物质资本都很雄厚。基于这样的特点，东部发达地区可以选择到西部落后地区开办学校及其他教育机构等方式，对西部落后地区的企业员工进行专业技能培训，进而使人力资本在不同区域间进行分配，使区域间的人力资本层次趋于相对均等化，促进落后地区人力资本积累，发展落后地区的经济，进而提高落后地区的可持续发展能力。然而，在人力资本的区域合作中，发达地区居于主动和优势地位，落后地区则往往处于被动和不利地位。

人力资本的区域合作还表现在同质区域的合作。

同质区域的人力资本合作是以不同区域间的人力资本具有非同质性为前提的。主要是通过不同学校、部门、产业、企业间人力资本的流动，提高合作区域双方在全国乃至世界中的竞争力。

国家应建立人力资本合作的长效机制，促使区域人力资本合作机制化、常规化。通过合同、法律、法规等形式加以规范，使合作持久进行。事实上，人力资本的区域合作能否制度化、规范化、长期化的关键在于，人力资本的区域合作是否能够使合作双方均获得经济利益。为此，应尽快建立与人力资本投资和使用以及补偿相应的法律法规，以体现社会的公平性。

第三节   本章小结

　　人力资本形成及价值实现过程是本章探寻人力资本区域差异的不同视角。人力资本是经济增长过程中的重要投入要素。总体而言，在人力资本的形成过程中，人力资本的两个主要投资主体在投资能力和投资意愿上存在区域差异；在人力资本的价值实现过程中，人力资本流动特征存在区域差异。区域间经济差异的逐步消除有待人力资本区域差异的消除，在对人力资本区域差异形成原因的不断探索中，旨在缩小区域经济差异的人力资本政策也具有了针对性。

第七章 研究结论与研究展望

第一节 研究结论

本书在对人力资本理论、经济增长理论以及区域经济增长理论进行系统梳理并对相关国内外研究进行归纳整理的基础上，对人力资本作用于经济增长的机制进行了提炼归纳；运用学界广泛采用的平均受教育年限法测度了中国省际人力资本存量、人力资本存量结构及人力资本分布结构；运用多指标测度中国区域经济差异，并对区域经济总体差异进行空间分解；根据中国经济转型期的经济数据验证人力资本对经济增长的作用机制，并运用方差分解法分解各主要影响中国区域经济增长差异的因素，对人力资本间接地对经济增长起促进作用的传导机制进行构架；对区域人力资本差异的形成原因进行分析，提出相应对策，旨在缩小各区域人力资本的差异，以影响区域经济增长差异的最终因素为视角，找到缩小区域间经济差异的解决方案，旨在促进中国的区域经济实现协调发展。

本书主要得出了以下结论。

第一，以统计指标为基础测度转型期中国的区域经济差异，直观地反映了中国区域经济差异呈不断扩大的态势，特别是 1990 年以后，区域经济差异的扩大速度比较快；为了辨别中国区域经济差异的空间来源，运用具有可分解特性的泰尔指数分析该问题，证实区域间的经济差异，特别是东西部区域间的经济差异是中国区域经济差异的主要空间来源。

第二，以中国东部发达地区的浙江省和西部欠发达地区的甘肃省作为东、西部区域经济研究的样本，统计性描述了中国东、西部经济差异的演变轨迹及人力资本差异的演变状况。在上述统计分析的基础上，进行归纳整理，本书认为人力资本的区域差异与经济的区域差异存在一定的相关性，二者具有同方向变动的特点；区域间经济差异的扩大，不仅不利于经济的可持续发展，也不利于国家的整体生产力布局的合理化，进而阻碍区域经济的协调发展。值得注意的是，科学发展观的落实以及共同富裕的实现，关键在于西部欠发达地区的发展。

第三，以中国 1978 ~ 2011 年 30 个省（区、市）的省际面板数据为基础，在人力资本外部性模型的基础上，采用面板数据模型的回归方法，分析人力资本对经济增长的作用效果，随后，在增长核算方程的框架下，计算包括人力资本在内的各要素投入对经济增长的贡献程度，结论倾向于物质资本积累是驱动中国区域经济增长的主要因素。另外，TFP 增长对中国区域经济增长的促进作用愈益显著已是不争的事实。然而，人力资本要素投入对中国区域经济增长的效果不显著。

第四，考虑到人力资本作为要素投入对经济增长的促进作用不显著，本书进一步验证人力资本以技术进步为中介间接促进经济增长的作用机制，验证 TFP 增长对经济增长的作用效果之后，在经济增长模型中引入制度变迁、基础设施等控制变量，采用面板数据模型的回归分析方法，证明人力资本对 TFP 增长具有重大促进作用，这在一定程度上表明：在中国经济的转型期，人力资本主要是以 TFP 为中介间接促进经济增长的。

第五，中国经济转型期的重要特征就是经济增长主要由物质资本积累驱动，但 TFP 增长的作用越来越显著，基于此，本书利用方差分解的方法测度影响中国区域经济差异的主要因素，无论是 K－R 分解还是 E－L 分解，均显示物质资本积累的差异是造成区域经济差异的主要原因，其次是 TFP 增长差异。另外，E－L 分解考虑到了交互项的影响，显示物质资本与 TFP 增长交互影响的差异成为造成区域经济差异的重要原因，且二者的交互影响差异对区域经济差异的贡献越来越大。因而给我们带来了新的启示：TFP 增长引致物质资本积累。

第六，中国经济转型期的特征和对区域经济差异进行方差分解得到的启示为本书提供了一个研究人力资本间接促进经济增长的传导机制：人力资本→TFP 增长→TFP 水平→要素边际生产率→要素积累→经济增长。这一传导机制为本书厘清了中国经济转型期区域经济增长的直接因素是要素积累，而最终因素是人力资本。并根据逆向思维锁定人力资本间接促进经济增长传导机制中的两个关键环节，第一个环节是 TFP 水平→要素边际生产率，第二个环节是人力资本→TFP 增长。

第七，利用东部发达地区的浙江省和西部欠发达地区的甘肃省的经济数据，验证了人力资本通过传导机制对区域经济差异的解释，得出基本判断：区域经济差异的缩小有赖于落后地区要素边际生产率的提高，而提高落后地区的 TFP 水平则是提高其要素边际生产率的关键。同时，提高落后地区的 TFP 水平，进而提高其要素边际生产率的做法能够同时兼顾到效率与公平，体现市场机制的作用。

第八，运用面板数据模型实证分析人力资本存量水平、存量结构及分布结构对 TFP 增长的促进作用，得出基本结论：人力资本存量水平主要是通过技术创新促进 TFP 增长；中级和高级人力资本也主要是通过技术创新促进 TFP 增长；初级人力资本对 TFP 增长无效；人力资本分布结构与 TFP 增长的关系是正相关。

第九，主要从人力资本的形成及价值实现过程分析人力资本区域差异的形成原因，在人力资本的形成过程中，各区域人力资本投资主体的投资能力和投资意愿的差异，均会造成人力资本的区域差异；在人力资本的价值形成过程中，各区域人力资本流动特征的差异，也会造成人力资本的区域差异。

第十，缩小人力资本区域差异的对策主要有：从制度创新和软投入约束的角度，采取多种措施，加快经济发展，促进投资主体投资能力的形成；扩大开放程度，改变传统观念，增强投资意愿；促进人力资本双向流动，加强区域间人力资本合作。

第二节 不足之处与研究展望

总体而言，本书对相关理论进行了系统梳理，对具体问题进行了实证检验，总结了上述十点结论，然而，在本书写作过程中，难免会有疏漏，在个人能力有限的条件下，研究的不足仍然存在，因而在很多方面需要在以后的学习和工作中不断完善。经过归纳整理，本书的不足主要有以下三点。

第一，人力资本测度方法存在不足。在数据可得性的限制条件下，本书运用的是平均受教育年限法，但是，由于人力资本具有多维性特点，本书所使用的方法有失偏颇。在未来的研究中，可以进一步考虑使用成本法或收益法以及综合指标法等方法来丰富人力资本的测度方法，得出更接近人力资本概念本质并且与物质资本具有可比性特征的数据结果。

第二，关于数据的来源问题。本书的实证分析数据仅限于各种统计年鉴资料及其他政府公布的资料，实证分析的全面性和精确性会有很大不足。在未来的研究中，可以进一步考虑使用抽样调查或问卷的形式进一步取得更丰富的一手数据资料。

第三，本书主要采用的经济模型是基于 C－D 生产函数的经济模型，难免受到 C－D 函数假设条件的约束，而且生产函数法测度的 TFP 增长率无法进一步拆分为技术进步和技术效率的变化，造成解释人力资本对 TFP 增长的区域差异时无法发掘深层次的政策含义的结果，在未来的研究中，我们可以尝试数据包络分析法（DEA）或随机前沿分析法（SFA）分析人力资本对 TFP 的不同组成部分的具体作用效果。

参考文献

［1］柏拉图．理想国［M］．郭斌和，张竹明，译．北京：商务印书馆，2000．

［2］包玉香，王宏艳，李玉江．人力资本空间集聚对区域经济增长的效应分析——以山东省为例［J］．人口与经济，2010（3）：28－33．

［3］鲍曙明，时安卿，侯维忠．中国人口迁移的空间形态变化分析［J］．中国人口科学，2005（5）：28－36．

［4］边雅静，沈利生．人力资本对我国东西部经济增长影响的实证分析［J］．数量经济技术经济研究，2004（12）：19－24．

［5］蔡昉，都阳．区域差距、趋同与西部开发［J］．中国工业经济，2001（2）：48－54．

［6］蔡昉，都阳．中国地区经济增长的趋同与差异——对西部开发战略的启示［J］．经济研究，2000（10）：30－37．

［7］陈浩，薛声家．教育投入对中国区域经济增长贡献的计量分析［J］．经济与管理，2004（10）：5－7．

［8］陈娟．全要素生产率对中国经济增长方式的实证研究［J］．数理统计与管理，2009（3）：277－286．

［9］陈觉万，陈章乐．非国有经济与中国市场化改革［J］．福建论坛（经济社会版），1998（10）：8－10．

［10］陈文静，何刚．人力资本、科研投入与经济增长的协整研究［J］．工业技术经济，2008（2）：29－32．

［11］陈钊，陆铭，金煜．中国人力资本和教育发展的区域差异：对于面板数据的估算［J］．世界经济，2004（12）：25－31．

［12］邓庆远．影响我国区域经济差异的政府宏观调控与制度创新因素［J］．经济经纬，2005（4）：43－46．

［13］董亚娟．人力资本对经济增长绩效的实证研究［J］．商业经济与管理，2007（3）：33－39．

[14] 窦丽琛，李国平. 对"后发优势"的国内实证——基于技术创新扩散视角的分析［J］. 经济科学，2004（4）：27－32.

[15] 段平忠，刘传江. 人口流动对经济增长地区差距的影响［J］. 中国软科学，2005（12）：99－110.

[16] 范九利，白暴力，潘泉. 基础设施资本与经济增长关系的研究文献综述［J］. 上海经济研究，2004（1）：36－43.

[17] 冯子标. 人力资本运营论［M］. 北京：经济科学出版社，2000.

[18] 傅晓霞，吴利学. 技术效率、资本深化与地区差异——基于随机前沿模型的中国地区收敛分析［J］. 经济研究，2006（10）：52－60.

[19] 高素英. 人力资本与经济可持续发展［M］. 北京：中国经济出版社，2010.

[20] 高韵，罗有贤. 城乡人力资本存量与经济增长的动态效应分析［J］. 西北人口，2008（5）：55－58.

[21] 葛小寒，陈凌. 人力资本、人口变动与经济增长［J］. 人口与经济，2010（1）：15－20.

[22] 龚新蜀，田砚. 新疆人力资本投资与经济增长关系的实证分析［J］. 山西财经大学学报，2010（1）：47－48.

[23] 郭庆旺，贾俊雪. 公共教育政策、经济增长与人力资本溢价［J］. 经济研究，2009（10）：22－35.

[24] 郭志仪，逯进. 教育、人力资本积累与外溢对西北地区经济增长影响的实证分析［J］. 中国人口科学，2006（2）：72－80.

[25] 侯风云. 中国人力资本形成及现状［M］. 北京：经济科学出版社，1999.

[26] 侯亚非，王金营. 人力资本与经济增长方式转变［J］. 人口研究，2001（5）：13－19.

[27] 胡鞍钢. 公共战略构想［M］. 杭州：浙江人民出版社，2002.

[28] 胡鞍钢，王亚华. 国情与发展［M］. 北京：清华大学出版社，2005.

[29] 胡鞍钢. 中国地区发展不平衡问题研究［J］. 财政研究，1995（10）：14－22.

[30] 华萍. 不同教育水平对全要素生产率增长的影响［J］. 经济学（季刊），2005（4）：151－170.

[31] 黄玖立, 冼国明. 人力资本与中国省区的产业增长 [J]. 世界经济, 2009 (5): 27 - 40.

[32] J. M. 伍德里奇. 计量经济学导论——现代观点 [M]. 费剑平, 译校. 北京: 中国人民大学出版社, 2010.

[33] 吉彩虹, 佟仁城, 许健. 人力资本与中国经济增长的协整性分析 [J]. 管理评论, 2006 (7): 38 - 44.

[34] 金玉国. 宏观制度变迁对转型时期中国经济增长的贡献 [J]. 财经科学, 2001 (2): 24 - 28.

[35] 赖明勇, 王文妮. 全要素生产率和经济增长方式——基于 1952 ~ 2006 年的 Malmquist 指数分析 [J]. 求索, 2008 (11): 52 - 54.

[36] 李国璋等. 西部大开发中的软投入制约 [J]. 数量经济技术经济研究, 2002 (1): 36 - 39.

[37] 李国璋, 冯等田. 中国省、市、自治区 GDP 份额演变及其影响因素分析 [J]. 数量经济技术经济研究, 2007 (8): 44 - 50.

[38] 李国璋. 软投入及产出数量分析 [M]. 兰州: 甘肃科技出版社, 1995.

[39] 李国璋. 软投入与经济增长 [M]. 兰州: 兰州大学出版社, 1995.

[40] 李国璋, 魏梅. 中国地区差距、生产率的分解及其收敛成因的转变 [J]. 经济科学, 2007 (5): 18 - 27.

[41] 李国璋, 于素慧. 西部大开发中的软投入制约 [J]. 数量经济技术经济研究, 2002 (1): 36 - 39.

[42] 李国璋, 周彩云, 江金荣. 区域全要素生产率的估算及其对地区差距的贡献 [J]. 数量经济技术经济研究, 2010 (5): 49 - 61.

[43] 李建民. 人力资本通论 [M]. 上海: 上海三联书店出版社, 1999.

[44] 李静. 中国省区经济增长过程中的生产率角色研究 [D]. 南京: 南京农业大学, 2006.

[45] 李秀敏. 人力资本、人力资本结构与区域协调发展: 来自中国省级区域的证据 [J]. 华中师范大学学报 (人文社会科学版), 2007 (3): 47 - 56.

[46] 李亚玲, 汪戎. 人力资本分布结构与区域经济差距——一项基于

中国各地区人力资本基尼系数的实证研究 [J]. 管理世界, 2006 (12)：42 – 49.

[47] 李艳华. 人力资本与经济增长研究——基于甘肃的实证分析 [J]. 经济经纬, 2009 (5)：80 – 83.

[48] 李忠民. 人力资本：一个理论框架及其对中国一些问题的解释 [M]. 北京：经济科学出版社, 1999.

[49] 梁红, 易峘. 光荣与梦想：中国睡狮的崛起. 高盛全球经济研究报告系列：第 133 号, 2005.

[50] 林毅夫, 蔡昉, 李周. 对赶超战略的反思 [J]. 战略与管理, 1994 (6)：1 – 12.

[51] 刘国恩, William H. Dow, 傅正泓, John Akin. 中国的健康人力资本与收入增长 [J]. 经济学 (季刊), 2004 (1)：101 – 117.

[52] 刘夏明, 魏英琪, 李国平. 收敛还是发散：中国区域经济发展争论的文献综述 [J]. 经济研究, 2004 (7)：70 – 81.

[53] 刘智勇, 胡永远, 易先忠. 异质型人力资本对经济增长的作用机制检验 [J]. 数量经济技术经济研究, 2008 (4)：86 – 96.

[54] 刘智勇. 人力资本、要素边际生产率与地区差异 [D]. 长沙：湖南大学, 2008.

[55] 马歇尔. 经济学原理 (下册) [M]. 陈良璧, 译. 北京：商务印书馆, 2000.

[56] 孟祥财, 叶阿忠. 知识外部性、研究开发与经济可持续增长 [J]. 财经研究, 2009 (9)：132 – 143.

[57] 欧阳峣, 刘智勇. 发展中大国人力资本综合优势与经济增长 [J]. 中国工业经济, 2010 (11)：26 – 35.

[58] 庞瑞芝, 杨慧. 中国省际全要素生产率差异及经济增长模式的经验分析——对 30 个省 (市、自治区) 的实证考察 [J]. 经济评论, 2008 (11)：16 – 22.

[59] 彭国华. 中国地区收入差距、全要素生产率及其收敛分析 [J]. 经济研究, 2005 (9)：19 – 29.

[60] 秦立建、蒋中一. 失地对中国农村居民健康风险的影响分析 [J]. 中国人口科学, 2012 (1)：102 – 110, 112.

[61] 沈坤荣. 1978 – 1997 年中国经济增长因素的实证分析 [J]. 经济

科学, 1999 (4): 14-24.

[62] 沈坤荣、蒋锐. 中国城市化对经济增长影响机制的实证研究 [J]. 统计研究, 2007 (6): 11-17.

[63] 舒尔茨. 人力资本投资 [M]. 蒋斌, 张蘅, 译. 北京: 商务印书馆, 1991.

[64] 孙敬水, 董亚娟. 人力资本、物质资本与经济增长 [J]. 山西财经大学学报, 2007 (4): 37-43.

[65] 孙淑军. 人力资本与经济增长——以中国人力资本估计为基础的经验研究 [D]. 沈阳: 辽宁大学博士学位论文, 2012.

[66] 涂正革. 全要素生产率与区域经济增长的动力——基于对1995~2004年28个省市大中型工业的非参数生产前沿分析 [J]. 南开经济研究, 2007 (8): 14-36.

[67] 王弟海, 龚六堂, 李宏毅. 健康人力资本、健康投资和经济增长 [J]. 管理世界, 2008 (3): 28-39.

[68] 王桂新, 黄颖钰. 中国省际人口迁移与东部地带的经济发展: 1995~2000 [J]. 人口研究, 2005 (1): 19-28.

[69] 王鸿雁, 刘晓霞, 赵泉. 刍议人力资本推动下的经济增长 [J]. 经济问题, 2007 (5): 8-10.

[70] 王金营. 人力资本与经济增长: 理论与实证 [M]. 北京: 中国财政经济出版社, 2001.

[71] 王金营, 郑书朋. 人力资本在经济增长中作用的东部与西部比较 [J]. 人口与经济, 2010 (4): 24-30.

[72] 王小鲁, 樊纲, 刘鹏. 中国经济增长方式转换和增长可持续性 [J]. 经济研究, 2009 (1): 4-16.

[73] 王小鲁, 樊纲. 中国地区差距的变动趋势和影响因素 [J]. 经济研究, 2004 (1): 33-44.

[74] 王小鲁. 中国经济增长的可持续性与制度变革 [J]. 经济研究, 2000 (7): 3-15.

[75] 王宇, 焦建玲. 人力资本与经济增长之间关系研究 [J]. 管理科学, 2005 (2): 31-39.

[76] 魏后凯. 中国地区间居民收入差异及其分解 [J]. 经济研究, 1996 (11): 66-73.

[77] 魏立萍. 异质型人力资本与经济增长理论与实证研究 [M]. 北京：中国财政经济出版社，2005.

[78] 魏敏，李国平等. 我国区域竞争力区位差异的实证研究 [J]. 中央财经大学学报，2004（5）：41－45.

[79] 魏下海，余玲铮. 人力资本与区域经济增长：只是线性关系吗？[J]. 财经科学，2009（10）：59－66.

[80] 武剑. 外国直接投资的区域分布及其经济增长效应 [J]. 经济研究，2002（4）：27－35.

[81] 西奥多·舒尔茨. 论人力资本投资 [M]. 吴传珠，译. 北京：北京经济学院出版社，1990.

[82] 夏永祥. 我国区域发展差距原因的分析 [J]. 中国工业经济研究，1994（11）：57－61.

[83] 肖志勇，魏下海. 教育不平等、人力资本与中国全要素生产率增长——来自省际面板数据的经验研究 [J]. 统计与信息论坛，2010（3）：76－81.

[84] 徐建华，鲁凤. 基于二阶段嵌套锡尔系数分解方法的中国区域经济差异研究 [J]. 地理科学，2005（4）：401－407.

[85] 徐杰，杨建龙. 中国人力资本及其对经济增长的贡献 [J]. 教育与经济，2010（3）：11－17.

[86] 许和连，亓朋，祝树金. 贸易开放度、人力资本与全要素生产率：基于中国省际面板数据的经验分析 [J]. 世界经济，2006（12）：3－10.

[87] 燕安，黄武俊. 人力资本不平等与地区经济增长差异 [J]. 山西财经大学学报，2010（6）：1－6.

[88] 杨俊，李雪松. 教育不平等、人力资本积累与经济增长 [J]. 数量经济技术经济研究，2007（2）：37－45.

[89] 杨开忠. 中国区域经济差异变动研究 [J]. 经济研究，1994（12）：28－33.

[90] 杨文举. 适宜技术理论与中国地区经济差距的实证研究 [D]. 武汉：武汉大学，2006.

[91] 杨云彦. 劳动力流动、人力资本转移与区域政策 [J]. 人口研究，1999（5）：9－15.

[92] 姚洋. 非国有经济成分对我国工业企业技术效率的影响 [J]. 经济研究，1998（12）：29－35.

［93］易纲，樊纲，李岩. 关于中国经济增长与全要素生产率的理论思考［J］. 经济研究，2003（8）：13－20.

［94］余长林. 人力资本投资结构与经济增长：基于包含教育资本、健康资本的内生增长模型理论研究［J］. 财经研究，2006（10）：102－112.

［95］张焕明. 我国经济增长的地区趋同性及其路径选择——基于扩展的积累增长模型实证研究［J］. 财经科学，2005（6）：16－27.

［96］张焕明. 我国经济增长的地区性趋同路径的实证分析［J］. 财经研究，2007（1）：76－87.

［97］张军，吴桂英，张吉鹏. 中国省际物质资本存量估算：1952－2000［M］. 经济研究，2004（10）：35－44.

［98］张文贤. 人力资本［M］. 成都：四川人民出版社，2008.

［99］张一力. 人力资本与区域经济增长——温州与苏州比较实证研究［M］. 杭州：浙江大学出版社，2005.

［100］郑玉歆. 全要素生产率的测度及经济增长方式的"阶段性"规律——由东亚经济增长方式的争论谈起［J］. 经济研究，1999（5）：55－60.

［101］周彩云. 中国区域经济增长的全要素生产率变化研究［D］. 兰州：兰州大学，2010.

［102］周一星，田帅. 以"五普"数据为基础对我国分省城市化水平数据修补［J］. 统计研究，2006（1）：62－65.

［103］朱晓明. 人力资本差异性与区域经济增长［D］. 杭州：浙江大学，2005.

［104］朱勇，张宗益. 技术创新对经济增长影响的地区差异研究［J］. 中国软科学，2005（11）：92－98.

［105］Acemoglu, D. Microfoundation for social increasing returens in human capital accumulation［J］. Quarterly Journal of Economics, 1996(3)：779－804.

［106］Adam·smith. An Inquiry into the Nature and Causes of the Wealth ofNations［M］. Book2. W. Strahan & T. Cadell, London, 1776.

［107］Agiomirgianakis, G., Asteriou, D. & Monastiriotis, V.. Human capital and economic growth revisited：A dynamic panal study［J］. Internationa Advances in Economoc Research, 2002（8）：177－187.

［108］Aschauer, David A.. Is Public Expenditure Productive?［J］. Journal of Monetary Economics, 1989 (23): 177 – 200.

[109] Barro, Robert J. Senior Policy Seminar on Health Human capital and Economoc Growth: Theory, Evidence and Policies [J]. 1996, Pan Ameirican Health Organization and InterAmerican Development Bank, Washington, D. C.

[110] Barry P. Bosworth, Susan M. Collis. The Empirics of Growth: An Update [J] . Brookings Papers on Economic Activity, 2003 (2): 113 – 179.

[111] Benhabib, J. and Spiegel. Mark M. The role of human capital in economic development Evidence from aggregate cross-country data [J]. Journal of Monetary Economics, 1994 (34): 143 – 173.

[112] Bhargava, A. , Jamison, D. T. , Lau, L. J. and Murray, C. J. L. Modeling the Effects of Health on Economic Growth [J]. Journal of Health Economics, 2001 (3): 423 – 440.

[113] Caselli, Franceso and Feyrer, James. The Marginal Product of Capital [J]. Quarterly Journal of Economics, 2006 (122): 535 – 568.

[114] Chen J Fleshier B M. Regional income inequality and economic growth in China [J]. Journal of Comparative Economics, 1996 (2): 141 – 164.

[115] Chow, Gregory and An-loh Lin. Accounting for Economic Growth in Taiwan and Mainland China: A Comparative Analysis [J]. Journal of Comparative Economics, 2002 (30): 507 – 530.

[116] David Ricardo. On the Principle of Political Economy and Taxation [M]. London: John Murray, 1817, 3rd edition.

[117] Denison. The sources of Economic Growth in the United States & the Alternatives Before us [M]. New York: Committee for Economic Development, 1962.

[118] Easterly and R. Levine. It's not Factor Accumulation: Stylized Facts and Growth Models [J]. World Bank Economic Review, 2001 (15): 177 – 219.

[119] Fujita, M. , Hu, D. P. Regional disparity in china 1985 – 1994: The Effects of Globalization and Liberalization [J]. The Annals of Regional Scinence, 2001 (35): 3 – 37.

[120] Grossman, G. and Helpman, E. Innoation and Growth in the Global Economy [M]. Cambridge: MIT Press, 1991.

[121] Jian, T. L. , Sachs, J. D. , and Warner, A. M. Trends in Regional

Inequality in China [J]. China Economy Review, 1996 (1): 1 –21.

[122] J. Jacobs. The Death and Life of Great American Cities [M]. New York: Random House, 1961.

[123] Kim, Jong-Il and Lawrence Lau. The Source of Asian Pacific Economic Growth [J]. The Canadian Journal of Economics, 1996 (29): 45 –63.

[124] Klenow P. J. and Rodriguez-Clare A.. The Neoclassical Revival in Growth Economics: Has it Gone Too Far? In Bernanke, B. and Rotemberg, J. eds., NBER Macroeconomics Annual, Cambridge, MA, MIT Press, 1997: 73 – 103.

[125] Lau, Lawrence and Jungsoo Park. The Source of East Asian Economic Growth Revisited, Stanford Institute for Economic Policy and Research . Working Paper series (September), 2003.

[126] Lucas R. E. , On the Mechanics of Economic Development [J]. Journal of Monetary Economics, 1988 (22): 3 –42.

[127] Mankiw, N. G, Romer, D. and Weil, D. N. A contribution to the empirics of economic growth [J]. Quarterly Journal of Economics, 1992, 107 (2): 407 –437.

[128] Nelson Richard R. , Phelps Edmund S.. Investment in humans Technological diffusion, and economic growth [J]. American Economic Review, 1966 (6): 69 –75.

[129] Park, J. Dispersion of human capital and economic growth [J]. Journal of Macroeconomics, 2006 (28): 520 –539.

[130] Pritchett, L. Where has all the Education Gone? [J]. World Bank Economic Review, 2001 (15): 367 –391.

[131] Romer Paul M. Endogenous Technological Change [J]. Journal of Political Economy, 1990, 98 (5): 71 –102.

[132] Romer P. M. Increasing Returns and Long-Run Growth [J]. Journal of Political Economy, 1986 (5): 1002 –1037.

[133] R. Park, E. Burgess, and R. Mckenzie [M]. The City Chicago: The University of Chicago Press, 1925.

[134] Sam Youl Lee, Richard Florida, Gary J. Gates. Innovation, Human Capital, and Creativity [D]. Working Paper, 2002.

［135］ Schultz. Investing in people-The Economics of Population Quality ［M］. Berkeley: University of California Press, 1981: 124 - 148.

［136］ Tsui, K. Y. China's Regional Inequality, 1952 - 1985 ［J］. Journal of Comparative Economics, 1991 (15): 1 - 21.

［137］ T. W. Schultz. The Value of the Ability to Deal with Disequilibria ［J］. Journal of Economic Literature, 1975 (3): 827 - 846.

［138］ Vandenbussche, J. , P, Aghion and Meghir, C. Growth, Distance to Frontier and Composition of Human Capital ［J］. Journal of Economic Growth, 2006 (11): 97 - 127.

［139］ Wang Yan and Yao Yudong. Sources of China's Economic Growth1952 - 1999: incorporating human capital accumulation ［J］. China Economic Review, 2003 (14): 32 - 52.

［140］ Weil, David N. Accounting for the Effect of Health on Economic Growth ［D］. NBER Working Papers, 2005, No. 1145.

［141］ Weil, David N. Accounting for the Effect of Health on Economic Growth ［J］. Quarterly Journal of Economics, 2007 (3): 1265 - 1306.

［142］ World Bank. China 2020: Sharing Rising Incomes. China 2020 Series ［D］. Washington D. C, 1997.

［143］ Yang, D. T. Urban-Biased Policies and Rising Income Inequality in China ［J］. Ameican Economic Review Papers and Proceedings, 1999 (2): 306 - 310.

［144］ Young, Alwyn. Gold into Base Metals: Productivity Growth in the People's Republic of China during the Reform Period ［D］. NBER Working Papers 2000, No. 7856.

后　　记

　　本书是在我的博士毕业论文的基础上修改出版的。在兰州大学就读博士研究生的这几年是我到目前为止的求学生涯中的最后一个阶段，看似漫长，实则一晃而过！回首走过的岁月，心中倍感充实！本书完成之日，感慨良多。

　　时光飞逝，转眼间我已经来到金城兰州 14 年有余。2006 年初入职场，当时兰州财经大学的校名还是兰州商学院，青涩、懵懂的我在感受新生活、憧憬未来的时候，有幸在 2007 年就得到了机会进入我向往已久的兰州大学攻读博士学位。我非常幸运地在兰州大学度过了我人生中最美好的时光。

　　我走过了从校园到校园的工作之路，在职攻博的求学之路期间，我经历了结婚生子的人生幸福时刻，也曾有过畏惧艰难几欲放弃的颓废时光，其中的感受无法用语言来简单的表达。在职攻博期间的学习是一个艰难的过程，特别是对于已婚已育的我而言。我在工作之余要照顾年迈的父母，抚育年幼的儿子，支持在外拼搏的丈夫，还要尽最大努力阅读各种文献、搜集相关数据、写作科研论文以及博士论文，个中艰辛唯我自知！在此过程中有很多人帮助了我，鼓励过我，支持过我，我才有机会在此落笔掩卷回忆往事。

　　首先特别感谢我的导师李国璋教授。师以传道授业解惑也，先生的理论及计量功底深厚，学术眼光敏锐，具有严谨求实的治学精神和学贯中西的渊博知识，在我攻博的艰难岁月里，先生十年如一日地鞭策着天生愚钝的我，使我时时铭记要脚踏实地地在经济学殿堂里奋勇前行。先生教导我要以不浮躁、讲实际的学习态度，用心去观察和思考经济现实问题，注重从不同的角度来对问题做出合理评判。我的博士论文的选题、立意和写作都凝注了先生大量的心血，在先生的悉心指导和循循善诱之下，我的博士毕业论文才能如期完成。在我个人面临巨大困难，几欲放弃的时候，先生不断地鼓励我、安慰我，让我不要轻言放弃，让我相信，只要坚持就能取得胜利！在外在条件可能不利于我的时候，先生想尽办法，帮我解决各种困难，为我争取机会，让我无后顾之忧地完成论文写作。同时，先生也时刻关心着我的生活，教导我做人的道理，他的每一次教诲和启发都是我人生中的宝贵财富，激励着我在今后的工作、生活中与人为善、合力而行！先生和师母刘学敏女士，在生活上和学习上都给予了我巨大的帮助和精神激励，学生万分感谢！师恩难忘，唯有不断努力、进取！

感谢攻读博士期间的兰州大学副校长（现河南财经政法大学校长、党委副书记）高新才教授给予的无私帮助和支持！感谢兰州大学经济学院院长郭爱君教授，博士生导师郭志仪教授、聂华林教授、杨肃昌教授、成学真教授、贾登勋教授对我的指导和帮助，谢谢各位导师在我的博士毕业论文开题过程中提出的宝贵意见！感谢陈志莉老师辛勤的工作和对我无私的帮助、关心及莫大的精神宽慰！感谢谢林会老师对我的关心！

感谢在攻读博士期间支持和鼓励我的时任兰州商学院校长傅德印教授和所有关心、支持和帮助过我的同事们！

感谢我硕士期间的班主任河北大学经济学院博士生导师李惠茹教授以及河北大学经济学院的博士生导师陈志国教授在我写作论文期间给予的鼓励、支持以及指导，你们是我人生路上的灯塔，也是我人生中的贵人，感谢你们对我如亲人般的支持，让我永生难忘！

感谢本科学习期间的班主任韩秀景教授，您是我从一个农村女娃走上大学求学路后的第一位母亲般的导师，在学业上，是您的引领，才让我真的踏上了经济学的求学之路，您是我的学业导师，更是我的精神导师，是您支持着我，让我拥有面对一切困难的勇气！

感谢高中时期的班主任刘建侠老师，刚刚大学毕业的您，在我高三的时候成了我的班主任兼历史老师。当年青涩的您，在生活上，是我的大姐姐；在教学上，又是那么的深入浅出，引我走入历史的殿堂，这是一个知识升华的过程，我学到的不仅是知识，更多的是方法。您每天早出晚归，全身心投入到我们的学习上，您默默耕耘的身影在20几年后依然清晰地浮现在我的脑海里。高中毕业后的这么多年，您都在不断地督促我，激励我，我对您的感谢，无以言表，只能深深地刻在我的生命里！

感谢我的众多同门师兄弟姐妹们，感谢我的众多朋友们，在我遇到困难的时刻你们总是会挺身而出，在此，我要说一声"谢谢"！特别感谢为论文写作思路提供建议、并在我最困难的时刻提供大力帮助的昝国江博士、钱力博士！感谢在博士论文最后的攻坚阶段与我风雨同行的刘燕平、李春梅、刘那日苏和石瑾！感谢不辞辛劳为我校对论文、修改格式的苟变丽师妹！感谢一直陪伴我在自习室学习的宋立义师弟！感谢周彩云博士对我的精神宽慰和鼎力支持！感谢陈南旭博士和冯丹博士的安慰与帮助！感谢好友蒋秀凤不辞辛苦连夜为我翻译英文摘要！

感谢我年迈的父母，你们的生养之恩，你们的无私之情，我永生难忘！你们默默地为我照顾年幼的儿子，提供一切可能的支持！您二老是我生命中最重要的人，你们能容忍我的一切，付出你们拥有的一切！母亲在生病疼痛难忍的时刻，都在强忍自己的痛苦，只为我能够全心全意地投入论文的写作！能够在此生做你们的孩子是女儿前世修来的福气！无论还有多少个轮回，我都愿意继续做您二老的孩子，能够永远照顾你们，让你们享受幸福的生活！

感谢我唯一的姐姐，你未能读大学，是一生的遗憾！然而，你却在全力支持我读大学、读硕士、读博士，你和姐夫一起支持我的选择。虽然你俩不懂博士为何物，不了解读博的艰辛如何，但是精神上的支持，足以支撑我坚强地走下去！

感谢我的丈夫，谢谢你多年来对我坏脾气的容忍，虽然我俩的专业相距甚远，但是，你在发挥着你的特长，不顾一切地帮助我、支持我！你是我的精神依靠，在家里，你既要承担父亲的责任，又要担负起母亲的职责，对儿子进行无微不至的照顾，让我无后顾之忧。你是一个称职的丈夫，称职的父亲！你给予我的是满满的爱，未来的日子里，我一定会与你风雨同舟，走过我们幸福的人生，相伴一生一世！

感谢我的大儿子，在我读博期间你的到来是个意外，但确实给我的读博生活带来了欢乐！为了完成博士阶段科研论文及毕业论文的写作，我对你的照顾，少之又少，甚至很多天都见不到一面，这是身为一个母亲最大的遗憾。也是我对你最大的歉疚，希望在未来的日子里能够好好补偿对你的亏欠！

感谢我的公公婆婆，你们为自己心有余而力不足不能给予我更多的帮助而感到非常的沮丧，毕竟我所作的研究不是你们能够触及的范围，你们的精神支持就足够了，非常感谢你们对我满满的爱和支持！

感谢我的小儿子，在本书的修改过程中，你的降生和成长让我感受到更多的责任感，并带给我育儿的快乐！

感谢所有支持、帮助、关心我的人们！

感谢在本书中所引用的参考文献的作者们，正是以你们的前期研究成果为基石才成就了我的书稿，衷心地对你们表示感谢！

本书的出版得到了兰州财经大学理论经济学重点学科的资助，经济学院的柳江教授、赵永平教授、刘建国副教授、胡莉莉副教授、杨迎军副教授、杜斌副教授、田旺杰副教授，以及慕宇书记、张延萍主任等给予了我无私的支持与鼓励，在这里表示最诚挚的感激与感谢！本书也得到了经济科学出版社各位同人的大力支持，尤其是杜鹏老师的辛苦付出，在此一并表示感谢！

赵桂婷

2020 年 10 月